U0918287

金融科技（Fintech）的经济学分析

周 剑 著

中国财经出版传媒集团
中国财政经济出版社

图书在版编目（CIP）数据

金融科技（Fintech）的经济学分析／周剑著. --北京：中国财政经济出版社，2019. 11
ISBN 978 -7 -5095 -9281 -6

Ⅰ. ①金…　Ⅱ. ①周…　Ⅲ. ①金融－科学技术－经济分析　Ⅳ. ①F830

中国版本图书馆 CIP 数据核字（2019）第 218928 号

责任编辑：彭　波　　　　责任印制：党　辉
封面设计：孙俪铭　　　　责任校对：徐艳丽

中国财政经济出版社 出版
URL：http：//www. cfeph. cn
E - mail：cfeph @ cfemg. cn

社址：北京市海淀区阜成路甲 28 号　邮政编码：100142
营销中心电话：010 - 88191537
北京财经印刷厂印装　各地新华书店经销
710 × 1000 毫米　16 开　7. 75 印张　90 000 字
2019 年 11 月第 1 版　2019 年 11 月北京第 1 次印刷
定价：68. 00 元
ISBN 978 - 7 - 5095 - 9281 - 6
（图书出现印装问题，本社负责调换）
本社质量投诉电话：010 - 88190744
打击盗版举报热线：010 - 88191661　QQ：2242791300

前　言

金融科技近几年成为全球金融业聚焦的一个热点，金融业将在信息科技的推动下，发生翻天覆地的变化。这一趋势也引起各国金融监管当局的重视，英国、新加坡、澳大利亚、美国等国家纷纷推出与金融科技相关的监管政策。国际层面，国际保险监督官协会于2015年发布了《普惠保险业务准则》，关注了金融科技中的消费者保护等问题；金融稳定理事会于2016年发布了《金融科技的全景描述与分析框架报告》；国际证监会组织于2017年发布了《金融科技研究报告》。这一系列的报告发布和政策变革似乎都在宣示金融科技必将彻底改变金融业的传统面貌。

形式上的快速转换并不一定意味着本质的变化，金融科技带来的诸多变革是否也意味着原有的货币与金融理论过时了？这正是本书关注的问题。

与其他关于金融科技的书籍不同，本书不关注金融科技带来的形式上的创新和变化，而是重点探讨了三个理论上的问题：一是金融科技对货币理论的影响。本书将探讨金融科技在多大程度上改变了货币的功能、货币作用于经济的机制有什么变化等。二是金融科技对银行业的影响。银行业是现代金融体系的核心，金融科技是否会动摇银行业的核心地位，或者改变银行业发挥核心地位的方式？对这一主题的探讨，本书从银行业结构与竞争的视角切入，而不是从金融产品创新的形式上切入，因为从经济理论层面看，产业结构的变化无疑比产品形式的变化更能体现本质的变化。三是金融科技对金融稳定的影响。金融不稳定性或金融危机在2008年全球金融危机之后重新进入主流经济学家的研究视野，金融科技会对金融稳定产生何种影响是很值得关注的课题。对金融危机的研究文献可以称得上是汗牛充栋了，本书在这个问题的分析上也采取了一个独特的切入点，那就是金融欺诈。本书将探讨金融科技如何影响金融欺诈，从而改变金融体系的稳定性。

金融科技处于快速发展中，未来会发展到何种程度很难预测，本书的立足点不在于预测将来，而是希望解释“已经和正在发生”的事情。这种解释必须基于一个分析框架，本书的目的就在于建立一个简明的理论分析框架，用于分析金融科技对金融和经济的深刻影响。

不得不说，建立一个金融科技的经济分析框架并不容易，两年多的时间，也只能说搭建了一个粗略的概念框架，并没有完成一个逻辑严密的分析体系。关于金融科技的分析文献绝大多数是就事论事，事实描述多于理论分析，因此，这个分析框架完全没有前人的经验可借鉴，本书的交稿日期也比预定的时间晚了一年多。如果要等到完成一个理想的分析框架再公之于众，也许本书永远不会有面世的机会，好在绝大多数领域的前期研究工作都是不完善的。思维的困难也会在写作内容上体现出来，对一些不妥之处，读者自能分辨，也希望得到大家的谅解。笔者认为，即便本书有诸多不圆满的地方，也有助于推进金融科技的经济理论分析工作。

作者

2019 年 7 月

目　　录

金融科技（Fintech）的
经济学分析

Chapter 1

第1章　金融科技的典型事实

1.1 金融科技是什么

尽管金融科技这个名词早已成为一个热点词汇，但迄今为止，各国际组织和主权国家并没有对“金融科技”给出统一的定义。金融稳定理事会认为金融科技是“技术带来的金融创新，能创造新的业务模式、应用、流程或产品，从而对金融市场、金融机构或金融服务的提供方式造成重大影响”；美国国家经济委员会认为“金融科技涵盖不同种类的技术创新，这些技术创新影响各种各样的金融活动，包括支付、投资管理、资本筹集、存款和贷款、保险、监管合规及金融服务领域里的其他金融活动”；新加坡金融管理局的界定是“通过使用科技来设计新的金融服务和产品”。通过比较这些不同的定义，可以发现一个共同点，即金融科技是指科技在金融领域的应用带来的金融创新。

自2010年以来，以金融科技为主题的研究日益增多，这些研究围绕的主题包括：金融科技与传统金融业的关系、技术在金融领域引发的变革、金融科技与金融安全的关系、金融科技发展带来的监管挑战、金融科技如何改变社会生活等。

本书不关注金融科技的各种创新形式，主要分析金融科技对原有金融体系是否造成了功能上的转变，是否对金融理论的实用性带来了冲击。

1.2 金融科技与普惠金融

金融科技的关键技术有三大块：一是大数据。大数据是需要新处理模式的海量、高增长率和多样化的信息资产。金融大数据的核心工作包括获取数据、建立模型、模型的优化和迭代。二是区块链。区块链是基于计算机代码构建的分布式记账，在区块链上发生的所有交易都会被忠实记录，区块链技术在金融领域的应用包括数字货币、支付与结算、票据与供应链金融等。三是人工智能。人工智能致力于帮助人们自动地感知、认知、分析和预测世界，在金融领域的应用主要是数字化投顾、预测与反欺诈、融资授信等。

金融科技的应用带来商业模式的改变，从经济学理论的视角分析，这种商业模式变化的一个显著特征是它把很多原本在金融体系之外的人拉进了金融市场，这就是普惠金融的根本含义。

金融科技带来的商业模式变化包括互联网支付、互联网保险、互联网银行、互联网证券、互联网众筹、数字化投顾等。

互联网支付是指以互联网为基础，实现从买者到金融机构，再到商家之间的在线货币支付、现金流转、资金清算、查询统计等过程。随着智能手机的广泛应用，移动支付成为一项新兴科技产业。移动支付比其他电子支付方式具备更多的优势，如移动支付终端携带更为方便，具有更强的用户粘性；智能手机能连接互联网，随时随地查询账户余额、交易记录和实时转账，移动支付可实现第三方账户、银行账户和移动支付账户合一等。可以说，智能手机的推广和移动支付功能的结合，迅速扩大了金融市场的覆盖面，实现了“普惠”。

银行业是金融市场的核心支柱，但是全世界仍然有大量的人群未能获得银行的服务。互联网技术改变了这种状况，一种基于移动手机应用开展银行服务的新型银行出现了，它们不设线下网点、全天候不间断服务、无地域限制，极大地拓展了银行金融服务的空间。互联网银行依靠网络进行业务运营，节省了固定支出，运营成本大大下降，产品的价格优势十分明显，能提供很多传统银行无法提供的新产品。互联网银行拓展客户的渠道也与传统银行很不相同，是传统银行业的有益补充。借助互联网银行，很多原本难以获取银行服务的客户也参与到了金融市场。

类似的，互联网证券、P2P、互联网众筹等各种商业模式的创新都具备一个特征，就是“普惠”。与传统金融机构和金融服务模式相比，这些金融创新在产品和客户方面都有很大的不同，新兴的模式与原有的旧模式更多的是互补，而不是直接竞争。

1.3　金融科技与分权金融

金融科技带来金融服务的重大变化，除了金融普惠外，还有就是与“普惠”相伴而生的“金融分权”。

金融服务的实质是金融资源的配置，世界各国的金融资源配置权都掌控在以央行为核心的一系列金融机构手中，而金融科技的发展将这些集中的权力分散化了，更多的机构和个人获得了金融资源配置的权力。从“金融集权”到“金融分权”的转变，将从多个方面改变我们的社会。

金融科技导致的金融分权有两种模式：一是传统权力配置模型下

的权力分散。以P2P、众筹为例，P2P金融模式来源于尤努斯创建的无抵押小额信贷业务，网络P2P模式则发源于英国。P2P并不会对传统银行的业务构成威胁，而是针对一些传统银行不重视的细分市场开发产品和金融服务。这相当于拓展了原有的金融资源配置权，让更多的机构和个人参与到金融资源的配置中。分权的特征在众筹模式中体现得更为突出，金融资源配置的权利完全是分散化的，甚至是不可预知的。二是原有权力配置模式的颠覆。以区块链技术为基础的比特币现象体现了这种分权模式的可能性，现有金融资源配置的权力是以央行对货币的控制为基础的，央行发行信用货币，并以货币政策调控金融体系中的货币量和利率，从而影响整个社会的金融资源配置和经济发展。金融资源配置的权力几乎完全掌握在央行和以商业银行为代表的金融机构手中，其他机构和个人对金融资源的配置具有很小的影响力。以比特币为代表的加密货币的出现，为现有金融体系提供了一个替代系统，新系统是旧系统的替代，而非补充，这个新系统从货币发行、货币量控制到货币利率等各个环节都对旧系统带来了颠覆性改变。由于缺乏足够的事实，这种颠覆性改变的理论和实践意义还没有得到彻底的研究。

为了深刻理解金融科技带来的影响，我们亟须提出研究金融科技的理论框架，这正是本书的主题。

第2章　金融科技与货币理论

2.1　货币—权力分配模式

2.1.1　货币的演进与权力分配

货币是市场经济中的“选票”，把货币投给一个商品，这个商品就属于你了，因此，掌控了货币，就掌握了资源和商品的分配权。

货币到底是什么？任何一本金融教科书都会给出类似的定义：货币作为商品、服务的支付手段和债务偿付手段，是被人们广泛接受的任何物品。

历史上用来充当货币的材料多种多样，包括贝壳、香烟、石头等，最终，世界各国都选定了贵金属金或银，中国是世界历史上第一个由政府发行纸质货币的国家，演进到今天，我们使用的货币是法定的信用纸币。

我们追问货币是什么，目的在于搞清楚货币从哪里来，谁掌控着它们？以香烟、贝壳、黄金等商品作为货币，那么生产这些商品的人就是最初掌控它们的人，资源配置的权力相应地也被这些人掌控，因为这些商品任何人都可以提供，理论上每一个人都有货币授予的资源分配权。

每一个人都有创造货币的权力，这是一种分权模式。在商品生产波动不大的历史时期，这种模式运转得还比较有效。因为货币最基本的功能是交易媒介，商品总量不发生大的改变，商品的货币价格也不会产生很剧烈的变化。但是到了工业化时代，技术突飞猛进，产量波动也变得剧烈和频繁，如果货币供给保持稳定，就会使得商品与货币的比价越来越不稳定，稳定物价就成为一个非常突出的问题。

商品作为货币的时期，要增加货币供给，就要求增加“货币商品”的产量，但是，货币商品的产量并不是可以随时增加的，如金银的供给量就不会轻易增加。经济日益发展，商品日益丰富，也要求货币量不断增加，被普遍当作货币的金银满足不了日益增加的需求，结果，信用纸币出现了，信用纸币的增加很容易，几乎没有上限，政府掌控了纸币的发行，就可以根据经济的现实需要增加或减少货币供应量，从而达到稳定物价的目的。

货币的供给可以灵活变动，并且这种灵活变动的权力完全归政府所有，那么，源于货币的“资源配置权”自然就集中在政府机构手中。

随着货币形式从商品货币演进到政府发行的信用货币，源于货币的资源配置权也从分权形式演进到集权形式。

金融科技促使基于区块链技术的数字货币产生，这是一种不被政府机构控制的货币，货币控制权从政府机构剥离出来，这种货币权力的剥离必然会导致银行体系的变动，甚至会彻底颠覆以央行—商业银行体系为基础的货币权力体系，这可能是金融科技带来的最重要的变化。迄今为止，基于区块链技术的数字货币还没有取得重要的地位，但是，未来的发展前景无疑引起了人们的极大重视。

本书的分析框架基于两个理论：一是凯恩斯在《就业、利息和货币通论》中提出的货币与利率理论；二是奥尔森在《权力与繁荣》中提出的集权—分权与经济增长理论。

2.1.2 凯恩斯的货币—权力模式

在《就业、利息和货币通论》这部广为人知的著作中，凯恩斯的几乎每一个观点都有学者不断加以探讨，唯一的例外是著作中第十七章，这一章的标题是“利息与货币之特性”，有学者认为这一章是不必要的，对凯恩斯写这一章的目的迷惑不解。当笔者思考金融科技到底对货币、利率会产生何种本质影响时，发现了这一章内容的重要性。鉴于学者对凯恩斯在这一章所阐述的思想讨论较少，有必要在这里加以较细致的说明。

凯恩斯提出了少有人关注的基本问题：“货币之所以异于其他资产者，其特殊性安在？是不是只有货币才有利率？在非货币经济体系中，情形将如何？”①。

凯恩斯认为，每一种资产都有自己的利率，因为今天交付的资产，与未来某个时期的特定量资产会相等，如果未来的资产量要更多，就是正的利率；如果未来的资产量要少，就是负利率。利率不过是各种资产未来值与现值之差与现值的比例。

凯恩斯认为，各种资产的利率没有理由会相等，麦子利率没有理由与铜利率相等。这是一个基本的、重要的观察。之所以称其为观察，是因为这只有来源于生活的实际，不可能空想出来。《就业、利息和货币通论》第十七章向来不受人重视，都因为这个基本的现象没有引人关注，而凯恩斯接下来提出的问题一直没有得到应有的重视，这个问题就是：既然各种资产都有利率，货币利率到底有什么特殊性，使得产量和就业量与货币利率关系密切，而不是与麦子利率或房屋利率的关系较密切呢？

凯恩斯指出，各种资产在三个方面存在差异：

一是资产的产出能力，用 q 表示。凯恩斯是从比较宽泛的角度界

---

① 凯恩斯著，徐毓枬译．就业、利息和货币通论．译林出版社，2011.

定产出能力的，既包括生产过程的贡献，也包括给消费者带来的效用。可以理解为资产给生产和消费领域带来的总贡献。

二是资产的储藏费用，用 c 表示。凯恩斯认为，除了货币之外，大部分资产仅仅因为时间的流逝就会产生损失，需要有保藏费用，因此，持有一种资产的净收益就相当于产出收益扣除储藏成本。

三是资产的灵活升值，用 k 表示。资产持有人可以任意处置持有的资产，各类资产的便利性和安全性是有差别的，为了获得这种处置的便利性，人们愿意付出一定的代价，凯恩斯把这个代价称为灵活升值。这个概念非常重要，也是一个极不容易观察到的现实。

在一段时期内，持有一种资产的收益等于该资产的产出减去保藏费，再加上灵活升值。因此，任何一种资产的利率就是 $q - c + k$。

接下来必须考察：货币利率到底有什么特殊性？

各种商品都有保藏费，都有灵活升值，但是，货币与其他资产的重要区别，就是货币的灵活升值超过保藏费很多。人们在配置财富时，会在各种资产类别中进行选择，一种资产的边际效率大于该资产的利率，则这种资产将吸引人们增加持有，随着数量增加，资产的边际效率逐渐下降，直到资产边际效率和该资产的利率相等。此时，除非利率下降，这种资产是不值得生产的。

如果有一种资产，当产量增加时，利率下降的速度比任何其他资产的自身利率要慢，经济将如何调整呢？当产量逐渐增加时，各种资产的本身利率都下降，并先后降到一种使得资产增加不再有利可图的数值，最后剩下一两种资产的自身利率仍然较高，超过其他资产的边际效率，这时，只有这最后的资产具有配置价值，其他资产都不再生产了。只有当这种资产的自身利率也下降，其他资产的生产才又具备了经济价值。因此，自身利率下降最慢的这种资产，就称为经济中非常重要的资产。只要经济中存在一种资产，当产量增加时本身利率不下降，对其他所有资产的生产就具有限制作用。

在上述的分析中，灵活升值的作用很关键。在货币的产出和保藏费都很小的情况下，货币利率的大小和下降速度都取决于灵活升值，而灵活升值显然既与个人的特性相关，也与个人所处的社会条件相关。

资产生产对于经济增长至关重要，而货币利率是资产生产的关键。原因就在于货币利率的下降速度比其他资产要慢，因此，只要经济中存在一两种自身利率下降慢的资产，这类资产的控制权就是经济增长的关键权力。

在金银商品本位的时代，金银的控制权是分散的，因此，货币和资产生产的权力是分散的。在当代法定信用本位制条件下，金融当局控制了货币发行权，也就控制了货币利率的变化、掌控了经济增长的关键要素。

在凯恩斯的理论中，货币利率的重要性不是外部条件赋予的，而是货币的经济特性内生的。因此，相伴而生的货币掌控权也不是仅仅依靠法规制度就能实现的，权力的配置必须符合货币本身的特性，由于灵活升值与个人和社会规范相关，这个分析框架就同时包含资产性质、个人主观性和社会规范三个方面的要素。三个要素以利率为核心贯穿起来，形成一个模式，可以称为凯恩斯的“货币—权力”模式。

2.1.3 奥尔森的共容利益—权力模式

奥尔森在《权力与繁荣》一书中指出，研究经济问题既需要分析自愿交易的市场力量，也需要理解强制性服从的权力的作用。拥有强制力的个人在一个社会中是具有微不足道的利害关系，还是具有共容利益关系，其行为和结果具有极大的区别。

为了分析强制性权力和自利行为，奥尔森用了一个很特别的例子：罪犯的比喻。虽然小偷的行为减少了社会总财富，使得可供偷窃的物品总量减少了，但是在一个人口众多的社会中，一个小偷对社会造成的损失微不足道，因此，他不会因为总财富减少而停止偷窃。

如果是一个控制了街头犯罪活动的犯罪集团，它的行为模式就与单个罪犯的行为模式不同。这个区域犯罪活动猖獗，将导致居民搬迁，经济活动衰退，盗贼将无物可偷，因此，掌控了这一区域的犯罪集团不会纵容犯罪活动，它将为他人提供保护而获得利益最大化。社区的商业环境越好，保护费的收入越高。在集团控制区域内盗窃和暴力的横行，往往意味着犯罪集团对这个区域失去了控制。所以拥有掌控权的犯罪集团，通过保护费获取社区收入的一部分，相当于犯罪集团和社区有了一个共容利益。

奥尔森分析，在一个人口众多的社会中，单个罪犯只有微不足道的利益，他意识不到其行为对社会的损害会反过来使他自己遭受损失；而一个犯罪集团的共容利益观，会使它持续打击犯罪活动，并阻止外来者。为了获取更可观的保护费，犯罪集团甚至可能为社会提供公共物品，只要提供的公共物品能够提供比投入成本更多的保护费产出。

总之，匪帮强大到可以稳定地控制一块领地并控制那里的偷窃行为，就在领地上拥有共容利益，就会调节保护费率并提供公共产品。一个流动匪帮安定下来并占山为王而导致的产量提高，是因为激励动机发生改变的结果。

奥尔森指出，从权力的破坏性使用转到建设性使用，改善就会产生，这要归功于另一只“看不见的手”：在共容利益指引下使用权力。

凯恩斯的“货币—权力”模型指出，在所有资产中，货币利率下降最慢的特殊性，从而货币的控制权成为促进经济增长的关键力量，但是并没有讨论货币控制权的使用问题；奥尔森的“共容利益—权力使用”模型正好衔接并补充了凯恩斯的模型，可以用来分析货币控制权的破坏性使用和建设性使用。

结合凯恩斯和奥尔森的两个模型，就是分析经济与金融的完整模型，可以称为“凯恩斯—奥尔森—货币权力模型”。基于这个分析框架，可以对金融科技的作用进行理论化的分析，而不仅仅是对表面现象的描述性和预测性讨论。

2.2　金融科技与货币

2.2.1　信用纸币本位下的区块链资产

不管人们如何评估区块链技术的未来，信用纸币的地位在可预见的将来还是不可替代的。以最著名的比特币为例，基于区块链技术构建的数字货币仍然只是一种新的“资产”，而不是货币。

货币最重要的功能之一在于稳定价格，而比特币的价格还远远谈不上稳定。

2009 年 1 月 3 日，中本聪在芬兰赫尔辛基某小型服务器中挖出 50 枚比特币，比特币开始崭露头角。2010 年 5 月 21 日，美国程序员拉丝勒用一万枚比特币换取了两款比萨饼，折合市场价 30 美元，也就是说，比特币的初始价值约为0.003美元，折合人民币1.88分。比特币可以当作一种“货币”购买商品。尽管名义上是“货币”，实际上人们只是当作一种“有价资产”来交易，并且像股票投资一样，看重比特币的“未来升值”前景。2010年11月，全球最大比特币交易平台Mt. Gox上单枚比特币价格突破0.5美元，比初始价格上涨约167倍。

2010～2011年，参与比特币市场的人持续增加，比特币的价格一直在不停上涨，2011年2月，比特币价格正式与美元等价，在不到一年的时间里价格上涨约333倍。2011年3月到2011年4月，比特币在国际市场上迅猛扩展，比特币与英镑、巴西币、波兰币兑换交易平台上线，来自更多国家的投资者涌入比特币市场，2011年6月8日，比特币单枚成交价达到31.9美元，创造历史新高。

随后比特币价格暴跌，2012年2月，单枚价格跌破2美元，比起2011年6月创下的31.9美元高点，跌幅达到1395%。但是各国投资者对比特币的热情不减，2012年下半年成立比特币基金会，同时欧洲召开第一届比特币会议，开始制定相关市场措施，比特币价格开始回升。

2012年12月6日，世界首家比特币交易所在法国诞生，比特币单价涨至13.69美元。

2013年3月，按照兑换汇率，全球发行比特币总值超过10亿美元，比特币引起广泛关注，价格开始猛涨，金融专家、畅销书作家和投资者都开始大力宣扬比特币“去中心化”和“全面监管”的意义，从金融权力的配置角度看，比特币的推广应用将迎来一个崭新的时代。2013年下半年，欧洲多数国家竞相出台比特币发行政策，在各方面因素的推动下，比特币价格开启飞涨模式，到2013年12月，单枚价格突破 1147 美元，超越黄金的国际价格。

情绪化的价格高涨没有持续多久，2014 ~ 2016 年比特币市场持续低迷。2015 年 8 月，比特币单枚价格跌至 200 美元，到了 2016 年，比特币价格再次持续上涨，2016 年 12 月突破 1000 美元。

2017 年的比特币已彻底沦为投机品种，2017 年 1 月 11 日，比特币价位是 789 美元，是全年最低价，最高价位是 12 月 18 日的 18674 美元。2017 年 1 ~ 5 月，比特币价格缓慢增长到 2000 多美元/枚，进入六七月后，快速下跌，跌幅达 45%。2017 年 12 月 18 日触及历史峰值，之后开始暴跌，12 月 31 日封盘价跌破 11000 美元。

2018 年 1 月的第一个星期，比特币有过短暂的升值期，1 月 7 日达到峰值 16448 美元，但从 1 月 8 日开始暴跌，仅 1 月 8 日一天就跌了 2219 美元，跌幅达 15.6%，到了 2019 年 1 月 23 日，比特币价格已跌至 3579 美元（24290 元人民币）。

不管比特币的技术前景如何，要成为货币的替代物，首先要成为一种价格稳定的资产，而距离这一步，比特币还有很长的路要走。从比特币的发行机制看，相对固定的供给量，无法灵活应对需求的变化多端。比特币替代信用纸币的“去中心化”过程只是停留在理论层面，在实践中还看不出成功的可能性。从目前的发展情况来看，比特币已成功地从一个“虚拟”物品发展成了一个“现实资产”，未来相当长一段时间，很可能以“数字资产”的形式在市场上存在。

2.2.2　区块链 + 信用纸币双本位

可以设想的第二种货币制度是区块链货币在一定范围内得到应用，同时也使用信用纸币，形成了区块链货币 + 信用纸币的双本位制度。

最简单的情形是一种区块链货币和一种信用货币的双本位制度。区块链货币的供给是受到限制的，信用货币是由央行控制的。货币的扩张和收缩完全由央行的操作来决定，但是在信用货币的扩张和收缩过程中，区块链货币和信用货币之间的兑换比例会变化，信用货币扩张或收缩的政策效应变得更加不确定。

区块链货币和信用货币并存的货币制度与以往金银复本位制度有很大的差异。最根本的差异在于区块链货币是“分权”性质的，而信用货币是“集权”性质的，一个经济体同时使用两种性质不同的货币会引发怎样的协调问题？货币政策将如何实施？在缺乏实际经验的情况下，这些问题很难给出有说服力的解答。

一种可能的运行机制是，区块链货币只在一定范围内适用，超出这个范围就使用信用货币，区块链货币的实际地位可能会随着经济形势的演变而改变。在某些条件下，区块链货币也许会退化为一种资产，在另一些条件下，区块链货币也许会大大挤压信用货币的使用空间。

这种体制下的货币政策可能变得更加难以有效实施，因为有了区块链货币作为另一种选择，基于信用货币的政策手段所能产生的经济效果可能会被抵消或强化，而这种抵消或强化作用往往不被政府部门事先掌控。

2.2.3 区块链本位

很多著作都探讨了区块链货币完全替代信用货币的前景，根据已经发生的事情来看，这种前景很可能仅仅是美好的“预测”，而不是将要发生的事情。

虚拟货币完全替代政府控制的信用货币几乎没有多少现实可能性。货币的核心是“信任”，不管区块链技术以及基于此技术创建的各种数字货币发展到如何便捷、实用，我们很难想象一个良好的经济社会可以完全基于“技术”基础建立起来。经济社会面临的不确定性和演化性质，决定了纯粹“设计”出来的技术不太可能完美地应付社会的变化。

政府控制的货币实际上是有弹性的，可以在面临特殊情况时，进行相机抉择，避免更重大的损失。这些特殊时刻，必须依赖人的明智判断，依赖程序和技术很难作出恰当的应对。

考虑一种基于区块链技术的货币本位制，货币供给缺乏必要的弹性，当经济发生危险状况时，没有任何人或机构对货币供给负责，这是不具有持续性的。

按照区块链技术支持者的预想，金融体系和银行业也将发生翻天覆地的变化，或许银行都会消失。银行业一直在变化，技术进步必将改变银行，但是，也很难有可靠的证据，可以表明在可预见的将来，银行业会消失。

金融科技（Fintech）的
经济学分析
Chapter 3

第3章　金融科技、货币与银行业

金融科技实质上是金融领域的一种创新，无论这种创新的力度有多大，我们都可以从金融发展史的角度来看创新对金融究竟会有多大的影响。

3.1　货币的职能

商业经济从一开始起，就是使用货币的经济。在有文献可考的历史上，货币通常都是指铸币，但是就执行货币功能的角度而言，有铸币之前就有了货币。有证据表明，在铸币诞生之前，古印度、巴比伦等地都有履行货币功能的物品出现。不过，经济学家普遍认为，铸币的发明是货币史上的重大创新，也是人类文明史上的重大创新。

标准的教科书告诉我们，货币的职能有这么几种：价值尺度、交易媒介、价值储藏和支付手段。如果从金融史的角度看，货币最初的职能，或者说最基本的职能，是交易便利的手段。

交换的最初形式是物物交换，这种形式现在也还能在某些地方存留。物物交换是很不方便的，要找到一个拥有你需要的商品并且也需要你手中商品的人，不是一件容易的事情。如果有一种大家都能接受的物品作为交换的中介，交易效率就会大大改善，这种物品称为一般等价物，一般等价物的出现，大大便利了交换。一般等价物固定在贵金属上，就是人们常说的货币，货币执行交易媒介功能，使得市场交易效率得到革命性的突破。

从一段时期看，货币可以作为价值储藏手段，价值储藏功能使得生产和消费可以暂时独立开来，获得收入后，不必立即消费；进行消费也不必在某个特定时期取得收入。

支付手段可以说是交易媒介功能的派生功能，交易职能在时间上和空间上的分离，就是支付。支付可以在当地完成，也可以在外地完成；可以在交易完成时立即支付，也可以接到货物后，在某个时间支付。货币一旦成为独立的价值形式，就能进行价值的单方面转移。

价值尺度功能就是作为记账单位，记账单位简化了价值比较。对不同物品，人们有了一个统一的价值衡量标准，不再需要进行烦琐的物物比较。

如果货币有两种或两种以上，交易就会产生麻烦。如跨越国家之间的交易，如果两种货币的交换比例固定（固定汇率），那就相当于一种货币，不会有新问题产生。如果两种货币的交换比例不固定（浮动汇率），货币的记账职能就变得困难。多种货币就像多种商品一样，要进行“币币比较”再交易。因此，国际上通常会产生一种“世界货币”，相当于货币中的一般等价物，这种世界货币是各个国家都接受的交易媒介，每个国家的货币都换算成这种世界货币，以此来便利交易。

从整体上看，货币是一种公共产品，就像语言一样。语言是思想交流的工具，货币是物品交易的工具。一国之中有“普通话”才可以顺利交流，国际上也要有“官方语言”才能顺利交流。在物品交换领域，一国之中要有共同的货币，国际上也需要共同的交易媒介。

3.2 货币的发展

3.2.1 铸币（硬币）

通常人们会认为，商品交换会有逻辑地从物物交换发展到货币交换经济，再发展到信用经济。但历史的发展并不是这么简单的，很多证据表明，在中世纪就已经有信用经济，三种形式一直并存，即使到现在也是如此。只是在不同阶段不同手段的重要性可能有极大的差异。

在货币的早期阶段，我们知道，货币以铸币的形式出现，这些铸币都有图案，很多铸币都以描绘在上面的物品图案或人物来命名，例如，以法国路易国王命名的"金路易"，还有"拿破仑金"，也有以货币的制造者或金属来源地命名的。货币单位通常用来指称重量，如磅、先令、便士等，中国的两、钱等。据说便士作为重量单位能在英语中留存下来，原因是它被用于给钉子分级。直到17世纪60年代，硬币才轧有花边，对硬币的全面保护，可能是为了防止恶意的减损硬币的金属含量。

银子在中世纪大部分时间和近代早期是主要货币，但也有其他金属做货币的，如铜，瑞典在17世纪早期就是以铜为主要的货币材料。铜也用来和银掺杂在一起成为合金。银币掺杂铜的成分会使钱"变黑"，或许违法在银币中掺杂铜的钱就是"黑钱"的来历吧。

硬币成色的降低是不可避免的。在16世纪，大多数国家都有硬币成色降低的事情发生。降低成色有两种形式：一种是统治者为了获得财源，发行更多的货币单位，而铸币用的金属量却不变，这种情形通常是为了筹集战争经费；另一种是市场的变化所致，由于使用金银两种金属作为货币，任何一种贵金属的供给或需求发生变化，都会导致另一种金属的价格变化。政府通常对被低估的金属硬币，提高面值或减少重量，由此引发金属货币不断贬值。

硬币的铸造费差额是铸造硬币的利润，一般归铸造者所有。统治者垄断了造币厂，就垄断了铸币利润。公元1000年到1125年间的法国，以及西班牙的阿拉贡和加泰罗尼亚，任何人都可以发行和铸造货币，政府当局也平等地参与竞争。据说这个制度当时运转良好。当然也有反面的例子，17 世纪的德国和波兰，铸币厂众多，地方权贵和铸币厂控制者为获取短期利润，完全不顾货币的稳定，竞相发行降低成色的货币，给经济造成极大的损害。

3.2.2 铸币的替代物

作为价值尺度，记账功能的实现其实不需要真正的铸币。因此，随着经济的进一步发展，铸币的替代物逐渐兴起。

很多教科书这样描述铸币替代物的出现：人们把暂时不用的金银存放在一个可靠的商人那里，商人给他开具收据。后来商人发现人们进行交易时，并不来取金银，而是直接以收据支付，商人就开拓了一项新业务，发行供贸易使用的“铸币替代物”——交易票据。这个描述并不准确，至少不完全。

中世纪欧洲的国际贸易有专门的集市，这些集市定期组织，十分繁荣，集市期间，外国人受到保护。结算用硬币，每个商人都有一本账，记录欠别人多少，别人欠自己多少。结算日到来，有专门的官员来核实债权债务，并实行相互抵消。未抵消余额可用货币支付，或汇票支付，或者开具票据转移到下次集会。后来集市逐渐发展到常年存在，并且逐渐有专做票据业务的商人。

汇票是 13 世纪意大利人的一个重大金融创新，汇票减少了易货贸易、当面清账或用货币支付的必要。汇票一开始的转让，是指可以出售的，现持票人对以前的持票人没有追索权，直到 17 世纪初，流通和转让成为很普通的事情时，汇票才真正可以转让。

与汇票同时出现的，还有通融汇票，如本票，当使用本票时，A向B开具本票（B可能是A的分支机构），然后将票据出售，保证在票据到期时，用外币向B偿付债务。使用通融汇票有时候有一系列的程序，这些程序有时候会有不良后果。

随着铸币替代物的出现，经营这类金融工具的中介也专门化了，这就出现了银行业。

货币的演变实际上也是一种创新，无论创新的力度有多大，都没有从根本上改变货币的功能，只是在提供金融服务的广度和深度上有了拓展。当前正在进行的金融科技也是如此，不会改变金融服务的性质，但是正在拓展金融服务的广度和深度，体现在普惠金融和分权金融两个维度上。

3.3　银行业的历史与经济逻辑

世界各地的银行业发展有不同的路径，银行业所起的作用也不同。本节的内容立足于共性，以欧洲金融史为对象，介绍银行业基本的发展脉络和具有共性的银行业功能①。

3.3.1　早期银行业

早期银行的名称很多，但是从功能上看，可以分为三类：典当行、钱币兑换商和存款银行。钱币兑换商主要就是经营钱币兑换，不

① 本节内容主要参考金德尔伯格著的《西欧金融史》，目的在于从金融史的视角说明金融科技的影响和历史上的各种变革一样，并没有改变金融的本质。

涉及信用。意大利的银行主要集中在佛罗伦萨、卢卡、威尼斯和热那亚等城市。一开始，贷款的地方性很强，如为当地收割庄稼提供资金，收成是看得见、可估价的。很快，意大利的银行业务就扩展到国际贸易中的汇款，意大利银行家遍布欧洲。15 世纪的意大利银行业由梅迪奇银行控制，该银行总部在佛罗伦萨，在威尼斯、热那亚、米兰和罗马设有分行，在国外还有多家代表机构。1550 年，热那亚继威尼斯之后成为贸易与金融中心，但在 1620 年左右，被阿姆斯特丹取代。

到了 16 世纪，意大利银行业失去欧洲的统治地位，金融中心从意大利转向南德意志，移向奥格斯堡、纽伦堡和雷根斯堡。奥格斯堡的福格尔家族以实业起家，并经营借贷业务，规模很大，鼎盛时期拥有 18 家工厂或分支机构。16 世纪 50 年代，福格尔家族向安特维普借钱，再贷给西班牙，但是这一时期，西班牙的金融动荡不已，平均 20 年就有一次金融危机，第三次金融危机发生在 1596 年，这次危机击垮了福格尔家族。福格尔家族和南德意志银行家们建立了一个金融媒介体系，即从各地富有者那里借钱，然后贷给一个国王。这其实就是以零售方式借款，批发方式贷款，是中介人的基本作用。事实上，中介人有三个作用：一是汇兑业务，直接促进经济发展；二是存贷业务，小额吸存，大额放款，短期存款，长期贷款，这就是扩大信用的作用；三是消除风险，把风险性的长期债务转换成流动而安全的债权。银行业乃至金融业发展的路径无非就是这三种功能的交互演变。

除了私营的银行，公有的银行也出现了。第一个存款银行是热那亚的圣乔治银行，建立于 1405 年。15 世纪在西班牙也建立了存款银行，1555 年，西西里的巴勒莫也建立了一家。1609 年，阿姆斯特丹银行成立。从理论上讲，早期的存款银行不经营贴现和贷款，不创造货币，经营是百分之百储备的金融体系。16 世纪晚期，阿姆斯特丹贸易爆炸式扩张，阿姆斯特丹银行的利润来源主要是：开立账户和转账业务的费用、违背反透支条例的罚款、账户年终收不抵支的罚款和经营银行货币的利润等。阿姆斯特丹银行作为公有银行的成功典范，立即吸引了很多效仿者，1616 年在米德尔堡、1621 年在德尔福特都建起了公有银行。

阿姆斯特丹银行是汇兑银行、存款银行，但不是信贷银行。1614 年，阿姆斯特丹市政府建立了一家信贷银行，被授权经营证券抵押贷款。1656 年瑞典银行成立，一开始就划分为汇兑和贷款两个部门。1661 年，该行首先在欧洲发行了银行券（作为铸币替代物排在第三，前两个分别是汇票和存款），1668 年瑞典银行被收归国有，成为世界上最早的中央银行，1968 年该行 300 年大庆时，建立了经济学诺贝尔奖基金。

3.3.2　英格兰银行业

英格兰银行业的起源是经济学学生最熟悉的版本，银行家是由金匠发展而来的。一些英国现代银行将其根源追溯到一个或几个金匠，作为银行纪念日的重要内容。英格兰银行于 1694 年成立，创办人给国家提供了 120 万英镑，替代永久性的每年缴款 10 万英镑。银行的钱来自股东，股东是伦敦城的各类金融人士，还有阿姆斯特丹的投资者。英格兰银行早期主要从事政府债务业务，即将英国政府不断发行的短期债务转换为长期债务。从业务地域来看，早期的英格兰银行实际是“伦敦银行”，它发行的银行券直至 1802 年，还很少在伦敦之外流通。银行的利润来自公众接受和流通它发行的银行券，公众对银行券的信任是缓慢的，但是确实在不断增长。伦敦的私人银行业和金匠业混合在一起，逐渐专业化。这些银行很少发行自己的银行券，而是用英格兰银行发行的银行券在自己的账户上或者为代理行的账户与其他银行结清余额。早在1752年，英格兰银行就发展了相互交换银行券的系统，1826年后，英格兰银行的分行遍布全国。1750年，伦敦以外的银行很少，大概是12家，此后，银行数目急剧膨胀，到1800年，已达400家左右。这些银行的发展源于三种业务：一是实业家的当地收付需要；二是贸易商在伦敦与乡村之间的汇兑；三是政府税收收款业务。

《1826年银行法》导致了在伦敦以外的大量股份银行的建立。根据这个法案，英格兰银行成为唯一的在伦敦65英里之内有特权发行银行券的股份银行。到1842年，股份制银行达到118家。

英格兰银行的职能伴随着银行业的发展和工商业的变动而逐渐变化，并且时时存在争议，无可否认的是，自从它建立以来，经济活动就离不开它的身影。

3.3.3 法国和德国银行业

1461～1709年，里昂是法国的金融中心。1709年之后，金融中心逐渐转移到巴黎。1789年革命前的法国金融史是由外国人唱主角的。其中最为著名的是苏格兰人约翰·劳，他是通用银行及其后身皇家银行的创始人，是密西西比泡沫的发起人。通用银行于1716年成立，是法国第一家公有银行。通用银行是一家存款银行，它发行银行券，通过分行将支付手段延伸到巴黎和里昂之外。但是其后的演变出人意料，约翰·劳做到财政部长，最后到1720年密西西比泡沫破灭

（具体情形在金融危机一章介绍）。此后150年，法国人民甚至不想听到“银行”这个词。法国在约翰·劳之后的18世纪几乎没有公有银行。1800年，拿破仑创立了法兰西银行，开始是为了协助处理现金。法兰西银行的运作也不像是全国性银行，像是巴黎银行，它向各地扩张是19世纪后期专家和官员们一直努力的事情。直到1826年，法兰西银行都能在金融危机中提供快速救援。但是法兰西银行在和地区银行的争斗中显示了另一面，在1846～1848年的危机中，法兰西银行坐视所有地区银行倒闭，拒绝采取措施挽救他们，而是由新创立的票据贴现所取代他们，这些贴现所没有银行券的发行权。法国人虽然有存款银行、投资银行、实业银行、不动产抵押银行，但总的来说，金融体系相对落后。法国经济的发展因为没有足够的金融工具而受阻。金德尔伯格认为，法国在金融体制和经验方面落后英国至少100年。落后是多方面的，例如，英格兰银行建立于1694年，法兰西银行建立于1800年；银行券于18世纪在英国广泛运用，而在法国是19世纪中期；伦敦票据交换所成立于1772年，巴黎票据交换所成立于1872年……法国金融体系的落后，既是经济遭到阻碍的反应，也是经济遭到阻碍的原因。

德国的经济和金融相对落后，德国的银行直到19世纪仍然保持着原始状态。弗雷德里克大帝于1765年创立了一家皇家清算和贷款银行，即后来的普鲁士银行，普鲁士银行凭汇票和证券发放贷款，凭容克贵族的房地产发放抵押贷款。普鲁士银行成立的同年，另一个省建立了王侯信贷公司，这个公司后来发展成为布伦瑞克国立银行。德意志诸侯国中最早的银行券发行银行是成立于1835年的巴伐利亚抵押与外汇银行，还有成立于1838年的萨克森的莱比锡银行。总体来说，德意志的银行券发行量太少，政府不能做的，就会有其他机构来补充，到1875年，德国有20家地产公司发行了纸币，33家银行发行了银行券。德意志诸侯国在18世纪和19世纪初有很多金融中心，如汉堡、科隆、法兰克福和柏林。这些金融中心或者与贸易和实业紧密联系，或者与宫廷和官员联系紧密。普鲁士的官僚并不支持建立大银行，他们反对商业、城市、工业和银行业，支持军事和大规模农业。很多银行申请都不被批准，被迫转移到普鲁士外围。后来人们发现一个普鲁士政府法规的漏洞，尽管普鲁士不允许建立股份银行，但是无法组织股份两合公司的成立，新银行很快就建立了，老银行也据此改组，掀起了一股建立银行的热潮。1857年的金融危机阻碍了这股银行热潮，但是15年之后，随着对法战争的胜利、德意志帝国的建立和马克的使用，又兴起了创立银行的浪潮。为了反抗英国银行业对外国金融的控制，在柏林成立了德意志银行，德意志银行创始时期的重要人物是格奥尔格·冯·西门子，他和电器公司的维纳尔·西门子是堂兄弟。德国货币统一后，建立一个中央银行来管理就水到渠成了。最终，普鲁士银行改变为帝国银行，默认其他32家银行券发行银行。但限制它们的银行券发行权。

在德国，银行和工业关系密切。工业家和银行家互相担任对方企业的董事。关系密切到什么程度呢？举个例子，一个叫古斯塔夫·梅维森的人，是六家矿山的董事、两家工业公司的董事长、达姆斯塔特银行和卢森堡国际银行的总裁，也是沙夫豪森申银行、南德意志银行、科隆私人银行及柏林商业公司的董事。整个19世纪，大银行支配德国经济，私人银行作用逐渐下降。此外，也还有一些其他银行，例如，土地公司发行抵押债券，也作为货币流通；信用合作社，有些是帮助农民的农村信用合作社，也有帮助小商人和店主的合作社。虽然大银行总资产占银行业总资产的一半不到，但对德国经济的作用却是支配性的。

3.4　1949 年以来的中国金融史

1949 年 10 月 1 日，中华人民共和国宣告成立，此时，金融领域有两件大事要做：一是建立金融机构体系，二是建立统一的货币制度。1949 年 2 月，人民银行由石家庄迁入北平，10 月，人民政府成立，并任命了人民银行的行长和副行长。人民银行对新解放区实行“边接管，边建设”的方针，接管旧金融机构的同时，迅速按照行政区划设立人民银行的各级分支机构。至 1949 年 12 月，人民银行建立了 4 个区行、40 个省市分行 1200 个市县支行和办事处，加上新的中国银行、交通银行和保险公司，共在全国设有金融机构 1308 个，职工人数达 8 万多人。紧接着就是对私营金融业的改造和整顿。1949 年到 1950 年 6 月，对私营金融业的机构和业务活动进行初步的整顿；1950 年 6 月到 12 月，着重调整金融业的公私关系，强化对私营金融业的管理和引导；1951 年的重点是推行联合经营和联合管理，着手改组私营金融机构；1952 年完成了对私营金融业的社会主义改造。

建立统一的人民币制度要克服复杂的情况，当时的情形是：各解放区都发行有自己的货币，币值与国民党政府发行的纸币比价都不一样，新解放区的国民党政府发行的金圆券面临崩溃，金、银、外币广泛流通。有人计算，国民党发行的法币，100 元在 1937 年可以买两头牛，1945 年可以买两个鸡蛋，1947 年可以买一个煤球，到 1949 年，只能买到一粒米的 0.245%。解放军每解放一地，都坚决地肃清旧货币，用人民币代替，宣布废止国民党发行的金圆券，可以在规定期限按比例兑换旧币，并迅速将旧币运到国民党统治区换取物资。随着金圆券的贬值，兑换比例不断下调，兑换期限不断缩短。对各解放区发行的货币也逐步收兑成人民币，前后花了三年处理此事。由于金圆券贬值厉害，金银成了流通的主要货币，对于金银计价和流通，政府严格禁止，并坚决打击金银投机活动。面对国内货币的混乱，一些外国银行纷纷发行外币，1949 年前夕，仅上海、天津和北平等地的美钞就达到 3 亿美元。这些外币的流通对人民币制度的实施都是不利的，政府采取了严厉措施，取缔外国金融机构的特权，并禁止外国货币的流通，按照规定比例收兑外币。加强外汇的管制。通过一系列的努力，新中国在 1953 年基本上确立了独立、统一的货币制度。

1953 ~ 1978 年是计划经济时期。在计划经济的背景下，金融领域也建立了高度集中的组织体系和管理体制。当时的指导思想是国家必须掌控信贷，银行要国有化。因此，在对私营金融业进行社会主义改造后，继续强化国家银行体制。1955 年，全国 14 个城市的公私合营银行全部归并到央行。1956 年 7 月规定公私合营银行总管理处归并到央行。至此，已经没有了私营性质的银行了。在此期间，人民币汇率制度有两次改革：一次是 1953 年，以美元为基础的国际货币体系运转良好，人民币汇率也对主要资本主义国家的货币保持固定汇率。另一次是 1973 年，以美元为中心的国际货币体系崩溃，很多国家实行浮动汇率。人民币也对汇率做了一些调整。但是当时的中国并没有对外开放，经济体系相对封闭，人民币汇率调整的影响并不很大。

1978 年 12 月召开的中共十一届三中全会是历史上的一个伟大转折。以经济体制的转变为背景，金融业也相应地进行了转变。一是完善了以央行为中心的金融机构体系；二是逐步建立间接调控的金融调控和监管机制；三是金融市场的建立。银行不再仅仅是记账机构，逐渐发挥着更大的作用，向真正的银行转化。人民银行开始履行央行的职责，政策性银行和商业银行分离，新机构不断建立，新业务不断拓展。

1949 年以来金融机构的演变主要是制度变革导致的，技术变化在其中起到的作用很小。

从各国的金融发展历史看，西欧各国的银行发展主要在经济和市场发展的不同阶段逐渐演进，经济发展水平和技术起到了很大的作用，而新中国的金融体系是新建的，主要是制度层面的因素起作用。不管各国历史发展的实际状况如何，金融业提供资金筹集和分配的功能没有改变，技术变化仅仅会改变业务流程和经营的形式。

3.5　中国的银行业

银行业是世界上管制最严格的行业，绝大多数国家和地区的银行业的市场结构都是占据垄断地位的少数几家银行和大量的中小银行，中国也不例外。

3.5.1　银行业结构

从表 3 - 1 可以看出，银行业机构总资产在 2019 年 6 月末已经达到 294.2 万亿元。5 家大型商业银行占据着银行业资产负债的约 40%，在银行业起着举足轻重的作用，考虑到银行同业之间的关系，这几家大型银行的行为几乎就决定了整个银行业的经营活动。

表 3-1　　2019 年 6 月中国银行业资产负债表　　单位：亿元

项目	银行业金融机构	商业银行总计	大型商业银行	股份制商业银行	城市商业银行	农村金融机构	其他类金融机构
总资产	2741994	2252455	1081576	489430	359772	364814	446400
占银行业金融机构比例		82.1%	39.4%	17.8%	13.1%	13.3%	16.3%
总负债	2515819	2075369	994594	452817	333290	336635	398484
占银行业金融机构比例		82.5%	39.5%	18%	13.2%	13.4%	15.8%

注：自 2019 年起，邮政储蓄银行纳入商业银行和大型商业银行统计，数据来源于中国银行保险监督管理委员会官网，http：//www. cbrc. gov. cn/cn/doc/9106/910601/7C19F626EAC74658A5163952034C06D0. html。

数据显示，股份制商业银行和城市商业银行合计占比超过 30%，也是银行业的重要主体。加上大型商业银行，在整个银行业中占比已经超过 70%，因此，这三类银行机构就是中国银行业的主要部分。从 2019 年 6 月的业务统计数据也可以发现，银行业业务规模增长，但是业务类型相当稳定。6 月末社会融资规模存量为 213.26 万亿元，同比增长 10.9%。其中，对实体经济发放的人民币贷款余额为 144.71 万亿元，同比增长 13.2%；对实体经济发放的外币贷款折合人民币余额为 2.21 万亿元，同比下降 12.4%；委托贷款余额为 11.89 万亿元，同比下降 9.9%；信托贷款余额为 7.88 万亿元，同比下降 4.9%；未贴现的银行承兑汇票余额为 3.77 万亿元，同比下降 9.6%；企业债券余额为 21.28 万亿元，同比增长 11.2%；地方政府专项债券余额为 8.45 万亿元，同比增长 44.7%；非金融企业境内股票余额为 7.13 万亿元，同比增长 3.3%。

从结构看，6 月末对实体经济发放的人民币贷款余额占同期社会融资规模存量的 67.9%，同比高 1.4 个百分点；对实体经济发放的外币贷款折合人民币余额占比为 1%，同比低 0.3 个百分点；委托贷款余额占比为5.6%，同比低1.3个百分点；信托贷款余额占比为3.7%，同比低0.6个百分点；未贴现的银行承兑汇票余额占比为1.8%，同比低0.4个百分点；企业债券余额占比为10%，同比高0.1个百分点；地方政府专项债券余额占比为4%，同比高1个百分点；非金融企业境内股票余额占比为3.3%，同比低0.3个百分点。

尽管金融科技的发展越来越受到重视，但是一些人认为的“颠覆性效应”并未显现，银行业的基本业务仍然是信贷、信托和承兑等。

3.5.2 银行业的金融科技

金融科技带给银行业的改变更多的是传统业务的经营方式改变、业务流程再造，而不是业务性质的彻底变化。

大多数商业银行利用金融科技创新，提高客户服务效率。发展网络金融服务，打通线上线下，通过智能化产品和服务，营造更佳客户体验[①]。

中国银行推出贸易融资区块链应用，推出指纹、指静脉及声纹认证等生物认证科技应用，为客户提供更加便捷和安全的金融新体验。积极拓展互联网企业、通讯公司及金融机构业务合作，发展移动支付业务，构建跨境业务综合化服务平台。

中国银行也高度重视金融科技对转变经营模式、拓展金融服务的驱动作用，推动新技术与金融业务的深度融合，解决业务痛点，提升客户体验。成功搭建基于云架构的金融技术创新试验环境，完成分布

① 各商业银行在金融科技方面的应用和产品创新资料主要来自商业银行的年报等公开资料。

式 IT 架构初步验证，并准备在全行推广。研发基于区块链技术的电子钱包，将区块链技术成功应用于“公益中行”精准扶贫平台。应用人工智能技术，开展外汇价格预测和智能报文分发模型研究，将深度学习等先进技术与交易员长期以来积累的知识经验、SWIFT 头寸电报的自身特点进行深度融合，以自主研发的方式建立多个场景下的外汇价格预测模型和智能报文分发预测模型，两个模型均已达到辅助生产水平。

2017 年，中国银行以智能柜台为核心，积极推进线下渠道流程优化和智能化建设。实现智能柜台境内分行全覆盖，推广至 8526 家网点，网点覆盖率达 80%。深度推进流程优化，全年实施 12 次智能柜台迭代升级，73 类金融业务场景实现“一站式”智能化办理，在国际化服务、应用人脸识别和大数据等前沿科技、支持普惠金融、线上线下贯通等方面形成鲜明特色，推动新时代下网点从交易操作型向价值创造型的升级。

中国建设银行实施金融科技战略，建设大数据工作平台，实施大数据应用项目 430 余个。加大网络银行推广力度，深入实施“移动优先战略”，网络银行个人用户 2.71 亿户，手机银行用户 2.66 亿户。优化网点渠道布局，99% 的网点完成智慧转型，在线运行智慧柜员机 4.7 万台，覆盖全部网点。

中国农业银行运用互联网思维，以“金融科技 +”为主线，推进零售业务战略转型，持续巩固和强化零售业务传统优势。全力推动网络金融业务转型升级，实现线上流量全面提升，各类网络金融客户规模稳步增长，交易规模持续扩大。

中国农业银行还积极推进互联网金融服务“三农”一号工程，持续建设和推广“农银惠农 e 通”平台，面向供应链上下游企业、专业市场、惠农通服务点和农户提供专属定制化服务。不断创新与升级掌上银行，推出“农银快 e 付”“农银快 e 宝”“农银快 e 贷”等特色产品，构建满足客户衣、食、住、行、娱等全方位需求的移动金融生态圈。“农银快 e 宝”产品支持账户余额自动投资，方便资金灵活使用。重构“农银快 e 贷”业务流程，丰富质押贷款押品类型，扩大客户群体。推出 2.0 版微信银行，率先推出“农行微服务”微信小程序，实现预约、优惠和信用卡线上线下场景联动。

中国农业银行打造专业团队，优化产品设计。成立用户体验实验室，邀请用户参与产品原型测试；实施用户满意度研究项目，优化产品设计研发流程，不断提升网络金融产品的用户体验。夯实数据基础，创新数据场景应用。探索大数据精准营销管理机制，构建精准营销模型。

为了助推网点转型，中国农业银行打造“客户经理在线”线上营销服务平台，提升线上营销服务能力。构建贯穿事前、事中、事后的风险管控机制。引入蓝牙 K 宝，升级网银安全助手，提升客户身份认证安全性。健全网络金融交易监控机制，做好可疑名单、可疑交易的监测和控制。引入商业保险赔付机制，创新事后补偿方案。

中国农业银行还与百度公司围绕金融科技、金融产品和渠道用户等三大领域开展深入合作，以精准营销、风险监控、信用评价、智能客服和智能投顾等领域为业务场景切入点，开展智能银行项目建设。

中国农业银行还依托覆盖城乡的物理网点等线下渠道，以及网上银行、掌上银行、电话银行、自助银行等线上渠道，为小微企业、农民、城镇低收入人群、贫困人群和残疾人、老年人等普惠领域重点客户提供包括支付结算、融资融信、投资理财等在内的多样化金融服务。

移动互联技术应用方面，掌上银行增加指纹登录和二维码支付，提升客户体验；为“惠农通”服务点打造专属手机移动客户端，上线惠农采购、农产品信息发布、惠农理财、惠农贷款等产品功能，构建农行特色的“互联网+‘三农’”移动金融服务体系。

中国工商银行积极运用互联网思维，探索大数据、人工智能等新科技与银行传统业务的深度融合，全力推进零售银行智慧化转型升级。全面推进 e-ICBC 3.0 互联网金融发展战略，加快创新引领，升级完善以信息平台、开放平台和服务平台融 e 联，线上智能金融交易服务平台融 e 行，集合化电商金融平台融 e 购为主体，覆盖和贯通金融服务、电子商务、支付、社交生活的互联网金融整体架构。

深入推进网点线上线下一体化转型。持续丰富和完善渠道二维码、网点 WiFi、网点小程序等各类新型渠道入口与工具，针对新产品开展联合推广活动，构建员工、网点、自助机具和手机 APP 等多界面推广、线上线下互联互通的立体营销新模式。

中国工商银行加快新技术研究应用与 IT 架构转型。组建了七大创新实验室，全面布局金融科技各前沿领域，积极探索区块链、人工智能、物联网、云计算等应用场景，打造贵州脱贫攻坚基金区块链平台，运用区块链技术推进雄安新区建设资金的透明管理，上线智能投顾“AI 投”，构建“工银物联网服务平台”。持续推动 IT 架构转型，率先在行业内建设应用平台云，通过与基础设施云和软件定义网络相结合，实现对基础计算资源和应用资源的动态管理。实施主机应用架构优化提升，加大分布式应用，构建大数据云，深入开展 IT 蓝图规划设计，为全行新一代智慧银行信息系统（ECOS）建设工程奠定基础。

综上所述，各家大银行都十分重视金融科技的作用，金融科技深刻改变了银行的经营模式和业务流程，但值得注意的是，金融科技只是改变了经营形式和手段，并没有改变银行的业务性质。技术带来的变化也丝毫没有改变商业银行在金融市场的功能和市场地位。

3.6　金融科技与银行的业务模式

金融科技虽然没有从根本上改变银行业的功能和地位，但是在具体运营方式上确实带来了很大的变化，银行的业务模式已经与以前完全不一样了。

3.6.1　银行业务模式与金融科技

（1）支付结算。

各家银行利用金融科技不断创新，在支付结算业务方面有许多创新。中国银行持续加大结算产品创新力度，推广“中银智汇（GPI）”、国际汇款电子审单、跨国公司资金集中收付等新产品。推广跨境人民币支付系统（CIPS），与 199 家境内外金融机构签署间接参与行合作协议，市场占有率排名第一。“中银智慧付”聚合支付收单业务，满足线上线下不同类型商户全支付受理需求及增值服务需求。同时，加快借记卡线上业务发展，实现借记 IC 卡银联小额免密快速支付服务等移动支付功能。在广东、辽宁、河北、贵州、四川等多个省市发行“居民健康卡”，为客户提供一卡全国通用的就医支付、健康管理等服务。与 300 多家高校合作，实现功能丰富的借记卡校园应用。

中国银行还推进跨境支付业务特色化发展，持续开展“环球精彩 一卡尽享”和“中银海淘”系列营销活动，打造跨境金融生态圈。升级“基础返现+产品返现+叠加活动”营销框架，搭建新版跨境专区，整合出境服务、热门地区、中银海淘、境外用卡与服务四大板块。拓展海外发卡和收单业务，研发悉尼银联 Rewards 信用卡、新加坡中银昇菘卡、中银早报信用卡等新产品，加载创新型产品功能，推广海外二维码支付和金融 IC 卡闪付，推动海外信用卡服务电子化进程。

中国银行在国际结算和支付方面具有先发优势，金融科技的应用进一步强化了这方面的功能。

中国农业银行的业务特点与中国银行不同，中国农业银行推广以“农银惠农 e 付”为代表的网络支付结算场景。研发综合收银台，推出了聚合扫码支付在内的多种线上线下支付方式。提供包括“新农保”“新农合”以及水电气等丰富的便民缴费业务。依托平台，推动 24.5 万个惠农通服务点实现互联网升级，767 个国家级贫困县的 17.6 万农企农户实现“触网”，有力促进贫困户脱贫增收。发布扫码付、华为 Pay、小米 Pay 及小额免密等多种新型支付产品，与国内大型航空公司、叫车平台、连锁酒店等行业领军企业合作，开展借记卡刷卡消费营销及云闪付专项营销。

此外，中国农业银行也上线了跨境人民币对公网银汇款，稳步开展人民币资本项目可兑换业务。成功办理全国首笔在“一带一路”沿线国家发行的企业“熊猫债”跨境人民币结算业务。对蒙跨境人民币业务中心成功办理首笔人民币对蒙古图格里克银行间的市场区域交易。

中国工商银行推进融 e 联产品，建设一体化服务平台，上线投产群发助手、全渠道服务评价、私人银行对账单、账户贵金属转账等重要功能，助力客户经理服务能力提升。陆续投产 2550 个场景服务公众号，推出神州专车、ofo 共享单车、共享雨伞、交通罚款缴款、ETC 出行扣费通知、社保缴费、校园卡充值、线下自助售货机扫码支付等多场景应用的便民生活服务。2017 年年末，融 e 联注册客户数为 1.14 亿户。

中国工商银行还推出行业首款二维码支付产品，涵盖餐饮、购物、快递等多种小额支付场景，并与北京、武汉地铁集团达成移动支付合作，成为国内首家支持手机二维码乘车的商业银行。“工银 e 缴费”缴费场景进一步丰富，已覆盖水电、燃气、供暖、社保等多个便民服务场景。在业内率先推出 7 ×24 小时交易的法人理财产品“法人 e 灵通”，企业客户可通过互联网平台灵活快捷地开展理财投资。

综上所述，商业银行利用金融科技给持续创新，创造了很多新的支付结算产品，扩大了服务群体，丰富了服务内容。金融科技强化了商业银行的传统业务。

（2）存贷款与资本筹集。

存贷款业务是商业银行最重要的业务，这方面也少不了金融科技的影响。

中国银行通过银企直联、网银渠道提供在线“1 + N”供应链金融服务，围绕核心企业为上下游企业提供贸易融资解决方案。应用互联网和大数据技术，完善风险管控模型，推广消费金融产品“中银 E 贷”。中小企业方面，契合小微企业“短、小、频、急”的资金需求特点，持续完善“中银信贷工厂”模式。推出“中银全球中小企业跨境撮合服务”，帮助中国内地中小企业融入全球资金链、价值链、产业链。“三农”客户方面，针对农业企业抵押担保难问题，推出“中银新农通宝”“中银林权通宝”系列产品，开创性地将林权、棉花、苹果等产品作为抵押品。创业创新群体方面，针对创业创新和科技型中小企业需求特征，积极推广“投贷联动”和“中关村模式”，支持科技创新型企业持续发展、做大做强。脱贫攻坚方面，推出“科技+智慧+载体+资金”定点扶贫服务模式，建立“银行+政府+核心企业+农户”产业链金融扶贫模式，通过差异化信贷政策鼓励支持现代农业、旅游业等潜力行业。校园金融方面，在国家助学贷款、商业助学贷款、留学贷款、创业贷款、就职贷款等校园专属贷款产品基础上，率先推出学生小额消费信用循环贷款，满足大学生合理消费金融需求。

中国建设银行运用互联网和大数据技术，消费信贷形成新优势，个人消费贷款新增同业第一。依托“跨境e+境”平台，创新推出“跨境快贷”业务，为进出口小微企业办理全线上、短流程的快速放款；借鉴国际先进模式，创新推出“大宗商品买断融资”业务。

推广“小微快贷”“裕农通”等创新模式，支持经济薄弱环节积极支持农民进城购房，“农民安家贷”2017年增加1820亿元。推进普惠金融业务体系建设，稳步拓展“数据网贷”等重点业务，2017年新增小微企业贷款1602亿元。增强对公产品创新能力，在负债类产品、供应链金融、移动支付等领域，不断提高线上化营销管理水平。成功上线对公客户营销管理系统（CMM），推进“金融+科技”的深度融合。

借助互联网、大数据、云计算、人工智能等金融科技，中国建设银行推出服务供应链上下游小微企业的“数据网贷”产品、7×24小时单位开户在线预填系统以及中小企业贷款在线申请平台。

可见，通过金融科技的应用，即使是大型商业银行，也可以便利地开展微小金融业务，大大拓展了商业银行的服务空间和业务内容。

中国农业银行借助金融科技，深入推进“金穗惠农通”工程。截至 2017 年年末，全行电子机具行政村覆盖率达 74.4%，惠农卡发卡量达到 2.06 亿张，较上年末增加 1200 万张，惠农卡存款余额 1649 亿元，较上年末增加 447 亿元；代理城乡居民养老保险 1425 个县，较上年末增加 19 个；代理“新农合”920 个县，较上年末增加 23 个；代理涉农财政补贴项目 5586 个，较上年末增加 636 个。

中国农业银行加快“三农”金融服务经营方式和商业模式创新，创新“惠农 e 贷”农户贷款产品，实现农户贷款批量化、标准化投放。以“农银惠农 e 商”为依托的农村电商金融服务模式获得市场认可。

围绕农业产业化龙头企业、农产品批发市场、县域批发商、惠农通服务点、农户等涉农产业链客户，立足“工业品下乡”和“农产品进城”领域，为农业产供销链条上的各类用户提供一揽子电商金融服务。

中国工商银行依托互联网加强产品创新，丰富基于场景的风控和授信模式，实现信贷审批的线上化、智能化，研发推出网上质押贷款、网上小额贷款产品。打造全产业链融资模式，将融资服务向产业终端延伸，贯通供应商、经销商和终端个人客户的融资需求。创新投产网上票据池质押融资产品，法人客户网上质押融资押品种类进一步增加，优化网络融资系统功能。

中国建设银行、中国农业银行和中国工商银行的上述金融创新说明，金融科技对现有商业银行的影响更多的是改造业务流程、创新服务产品和服务对象，更加强化了商业银行的传统金融服务功能。

（3）投资管理。

随着经济水平的发展，居民持有的财富越来越多，财富管理和私人银行业务的需求日益增长。商业银行在金融科技的帮助下，也在这方面推出了不少举措。

中国银行以客户为中心，推动产品销售服务模式转型。持续改进客户资产结构；建立多层次、综合化产品遴选平台，完善产品研发机制，提升产品竞争力。以科技为支撑，运用大数据和人工智能技术，推进客户画像，开展精准营销，个人客户数量和金融资产持续增长。

建立“中银财富管理学院”，完善专业人才培养体系。发挥跨境优势，加强跨境金融服务中心建设，推进境内外机构资源整合，跨境金融服务能力显著增强。建立大湾区个人客户一体化服务模式，个人客户协同服务能力有效提升。推动私人银行发展，优化全球私人银行布局，挂牌成立中国银行（英国）有限公司私人银行服务中心，欧洲地区高净值客户服务能力进一步增强。围绕私人银行客户需求，推进全权委托及家族信托服务创新，推出家族信托嵌套全权委托、保险金信托、慈善信托等业务。完善“中银私享荟”平台建设，打造公益慈善、商务留学、生活休闲、文化艺术四大系列主题活动，升级高净值客户专享服务体系。2017 年年末在中国内地设立理财中心 7746 家、财富管理中心 1022 家、私人银行中心 40 家。

中国建设银行也在大力推进财富顾问服务，打造家族信托“拳头产品”；构建开放式产品平台，推出消费品信托、全委托投资服务等市场优势产品；“金管家”等满足客户个人、家庭、企业多元化服务需求的产品持续优化。2017 年年末，金融资产 1000 万元以上私人银行客户达到 67670 人，较上年新增 8949 人，增幅 15.24%。

截至 2017 年年末，私人银行客户数 10.6 万户，管理资产余额 10286 亿元。

中国建设银行加快拓展创新私人银行客户专属服务，推出私人银行绿钻信用卡。大力推广家族信托服务，创新研发信用卡包括贷记卡和准贷记卡、保险金信托及跨境金融业务，全力打造私人银行专属产品体系。

中国工商银行在财富管理领域创新推出智能投顾产品 AI 投，应用人工智能、大数据技术和量化投资模型，面向客户综合提供基金投资组合推荐、动态调仓等服务。网银渠道持续优化，新增结售汇业务报价、利率掉期交易等功能，对公代客商品交易品种进一步增加。全面建成国内领先的多渠道、全产品线、多模式、全流程管理的对公代客交易系统。

商业银行本来就具备私人财富方面的信息优势，又拥有金融市场的专业能力，结合金融科技，在私人银行和财富管理方面比任何其他机构都更有优势。金融科技对商业银行来说不是威胁，而是更好的机会。

（4）市场设施。

金融科技的应用离不开金融市场的基础设施，商业银行在这方面也具有不可比拟的优势地位。

中国银行手机银行充分利用移动互联、大数据、生物识别等新技术，向客户提供“功能完备”“特色突出”“技术先进”“个性定制”的一站式线上金融服务，手机银行签约客户数、交易金额均快速增长。未来，手机银行将成为综合金融移动门户，实现“一机在手，共享所有；一机在手，走遍全球”。

中国银行利用指纹认证、OCR 识别、人脸识别、Face ID 等先进技术，提升手机银行操作安全性与便利性，在入口、信息、产品、流程等方面以客户为中心进行整合，有效改善渠道功能。研发推出电子渠道新功能，个人网银和企业网银率先投产“中银智汇（GPI）”、SFTP银企直连等服务功能，微银行新增“中银E贷”申请入口和客户经理一对一服务，短信渠道向海外机构不断延伸。

中国银行在国内同业中率先制定大数据应用战略实施规划（2016～2020年），建成完整的大数据工作机制和制度体系。设立专注于数据挖掘分析的专业机构，建设大数据工作平台。

中国建设银行探索“区块链＋贸易金融”技术，在同业中率先实现国内信用证、福费廷和国际保理领域的区块链跨行、跨境实际应用，2017年通过区块链累计交易业务量达到16亿元，覆盖20家境内外机构。

依托“新一代”核心系统和大数据技术，集成信息资源，为小微企业精准“画像”，通过分析履约能力、信用状况、交易信息等测算贷款额度并给予授信，让数据资产真正转化为智慧化的融资服务。首家推出“小微快贷”，从贷款申请、审批、签约到支用，全流程网络化、自助化操作。

中国农业银行借助大数据、人工智能等技术，加快推进零售业务转型，稳步提高个人金融业务市场竞争力。积极推进网点智能化转型，加快建设线上线下一体化的现代化服务渠道。全面推广网点标准化转型。

人工智能技术应用方面，推广ATM刷脸取款，采用当前最先进的活体检测技术，人脸识别准确率达98%，有效降低了伪卡风险和ATM吞卡数量，推动自助渠道智能化转型；开展“自助智能语音导航＋人脸识别”的掌上银行智能转账交易试点。

区块链技术应用方面，在国内银行业中首次将区块链技术应用于电商供应链金融领域，上线涉农互联网电商融资产品“e链贷”，为电商平台商户提供无抵押、纯信用的融资服务，实现自动审批、受托支付、自助还款等功能；推进金融数字积分（简称“嗨豆”）系统建设，打造同业领先的区块链积分体系，提升客户活跃度。

大数据技术应用方面，依托数据分析挖掘平台，完成14个大数据分析试点项目，初步建立大数据应用的集中化服务支持能力；建立信用卡数据实验室，探索反欺诈、风险管理模式升级。

网络安全技术应用方面，推进量子通信、动态防御、态势感知、威胁情报等新技术的研发和项目实施，持续提升网络安全监测、防御和处置能力。探索全员创新，推进联合创新。上线众创平台“农银e创”，面向全行员工收集、评选、发布产品创意。与百度公司合作，探索掌上银行与百度AI功能对接。与华为公司共同建设新一代基础架构云平台，实现基础架构弹性伸缩、灵活调度、敏捷交付，有效提升资源利用率。

中国工商银行持续深化大数据分析技术应用，不断完善和全面推广客户画像功能，形成线上线下多触点的一体化精准营销体系。融e行产品中推出指纹、刷脸登录和支付功能，一键转账、网银扫码登录、免登录查询等系列产品和服务。

以专业安全为目标，推出全新的手机银行安全中心，上线安全检测、账户安全锁等功能，实现主动化、智能化、场景化、可视化的安全服务体验。新版企业网银推出常用功能定制、菜单轻量化展现以及智能搜索等功能，实现交易流程简化、操作便捷、交互友好等方面的全面升级。

全面推广网点智能服务模式。稳步实施网点智能化改造，持续完善智能服务流程和功能，推动网点营销服务转型。新增菜单模糊查询、对公开户、人脸识别辅助开卡、安全介质管理等智能服务功能。研发、投产存折自动柜员机、便携式智能柜员机、升级版产品领取机等新型设备。

这里选取了几家大型商业银行的金融科技应用为代表，实际上各商业银行都在大力发展金融科技。金融科技没有改变商业银行的基本功能，反而强化了传统的金融业务。但是，如果各家银行在金融科技的研发和应用力度不一样，还是会造成各个银行在行业内的地位变化。因此，金融科技改变了银行之间竞争的形式和内容，可能会改变银行业内各银行的相对地位。

3.6.2 金融科技的交易成本效应：普惠金融

金融科技降低了商业银行开展某些业务的成本，使得原先无法获得金融服务的一些群体享受到了金融服务，随着交易成本降低效应的进一步体现，商业银行会拓展更多的市场、服务更多的人群，实现普惠金融的目标。

中小银行近些年增长迅速，拓展了不少新业务，金融科技起到了非常重要的作用。如招商银行，对标互联网企业创新机制，在内部建立金融科技创新孵化平台，为金融科技创新项目提供全面孵化支持。同时，从外部引进金融科技资源，通过与科技企业、高校建立联合实验室，或通过金融科技创新项目基金引进外部资源，提升银行金融科技能力。通过金融科技的有效推进，全面提升掌上生活 App 用户经营能力，打造金融变现、支付便捷、风控安全、服务引导的信用卡客户经营体系。

中信银行坚持以移动金融为核心，迭代升级产品功能、创新服务模式。在手机银行中推出智能账单、智能推荐、智能投顾、出国金融等个性化的智能金融与非金融服务，增加指纹识别、蓝牙KEY、转账白名单等安全措施；完善电子银行实时风控系统对电子渠道客户交易风险的实时监控和事中精准处置，兼顾了体验与安全的良好平衡；创新线上获客模式，推动构建开放、智能的线上获客经营平台。

民生银行应用新兴金融科技，创新直销银行、零售网络金融、公司网络金融、网络支付、微信银行等平台、产品和服务；加强产品服务体系和商业模式创新，打造线上理财、线上贷款、新兴支付三大产品体系，通过"电子账户+线上理财""电子账户+线上贷款""电子账户+便民支付""电子账户+见证服务"等商业合作模式，为互联网长尾用户提供普惠金融服务。围绕"电子商务金融""电子政务金融"两大领域，携手互联网平台，构建Fintech金融科技新生态。通过与各类优质电商平台深入合作，定制"支付结算+在线融资+现金管理"等组合新产品，为客户提供全方位、全新的金融服务解决方案；积极参与政府机构/事业单位主导的政务服务建设，以"账户+资金管理"为基础，构建便捷支付通道，协同打造便民政务金融服务。

民生银行致力于成为科技金融的银行，构建"One E-CMBC"互联网金融体系，加速新技术带来的金融服务创新，跨界合作构建产业互联网生态圈。

其他一些中小银行也纷纷应用金融科技，推进普惠金融。如无锡银行，积极布局互联网金融，持续优化手机银行和直销银行，电子银行业务发展迅速。优化产品创新机制，加大产品创新力度，研究和探索供应链金融，适时推出国内订单融资业务和预付款融资业务；在中间业务拓展方面，建设柜面、网银、手机银行、直销银行的全面销售网络，完善理财、基金、保险、信托、贵金属的产品体系在电子化渠道上加大投入。

吴江银行深度发掘客户价值，做好客户分层分类，向城乡居民“医食住行娱教”等核心生活领域渗透，以消费金融、理财业务、移动支付结算业务为突破口，强化线上线下立体渠道建设。

兴业银行兴业数金推出了全新的基于互联网的数字银行云服务，围绕两类账户构建互联网核心系统，通过整合手机银行、直销银行等互联网银行功能，牢牢抓住合作银行的互联网入口，构建行业性互联网金融平台。2017 年 10 月，兴业数金面向大型企业集团正式推出财务公司云服务，财务云的推出，将金融云服务从银行扩展到了非银金融机构。当前，科技赋能类的产品有区块链电子合同产品“倚天鉴”、智能投顾产品“基海精灵”、聚合消息服务“青鸟”等。兴业消费金融发力互联网金融，以“空手到”App 产品为起点，打造一系列便捷的线上产品，为线下客户拓展形成补充。

综上所述，各家商业银行都在应用金融科技创新产品和渠道，服务更大的市场、更多的客户，普惠金融进展迅速。

3.6.3 金融科技的分权效应：共享金融

金融科技带来变化除了普惠金融外，还有一个重要的维度是金融分权或共享金融。

银行业集中了众多的资金来源，并且是经济社会中主要的资金提供方。也就是说，金融服务权力主要集中在银行机构。

金融科技的应用带来了变化，各种借贷平台涌现，如借贷型众筹、线上贷款平台、电子商务贷款等，还出现了新的金融相关产品，如信用评分、货款清收等；还有股权融资的创新，如投资性众筹等。诸如此类的新生事物，意味着有更多的主体参与到资金的筹集和分配过程，这是对银行机构金融配置权的一种“分权”现象。

信贷权力的广泛配置也迅速冲击了银行机构的信贷业务模式和流程。从中长期看，直接融资进一步发展的大趋势不会逆转，金融科技也给银行提供了越来越多的轻型服务工具，招商银行以金融科技赋能智慧风控，运用大数据和人工智能技术，推出风险智能决策2.0系统，实现信贷审批即时化；中信银行通过引入金融科技，积极推动互联网环境下的个人贷款产品创新，在接入多维度数据基础上，持续优化客户欺诈风险及信用风险模型，同时组合创新多渠道辅助的网络信用贷款、基于客户资产的网络信用贷款等多种业务模式。民生银行坚持小微金融特色，打造线上“信贷工厂”缓解小微企业融资难，推广贷款转期服务等创新产品缓解小微企业融资贵，优化业务流程，破解小微企业融资慢，促进金融活水流向小微企业。加大快速抵押产品的推广与投放，并重点提升抵押贷款的线上获客能力、推广“云快贷”等新型产品，大力促进抵押贷款的快速增长，缓释信贷业务风险。

另一个重要的金融科技应用领域是投资管理。招商银行深入推进业务模式转型：力争融合“体验”与“科技”，打造领先的“数字化创新银行+卓越财富管理银行”，塑造互联网时代零售服务新模式。招商银行未来将结合OCR（图像识别）、NLP（自然语义理解）、KG（知识图谱）等人工智能金融科学技术，升级财富管理智能专业服务体系，在基金和保险方面进行突破性创新，大力提升客户服务体验和服务效率，进一步强化财富管理业务的核心竞争能力。

中信银行也将继续强化金融科技布局，加大科技资源投入，积极推进前沿技术在智能交易、智能投顾、智能客服、智能风控等领域的应用，加快建设智能中信。中信银行发布了基于“人工智能＋量化技术”的智能投顾产品，洞察客户风险偏好，融合大数据分析、量化金融模型和专家智慧，为客户提供一键式个人财富解决方案。银行理财方面，自主研发上线“理财转让平台”，为持有银行理财产品客户提供了低成本、高效率的理财在线转让平台，创新性地解决了客户购买固定期限理财后流动性不足的痛点。

民生银行结合“互联网＋”形态，以金融科技服务不断优化客户体验。推行 UPPER 五步提升工作法，致力于为客户提供财富管理、专业顾问、私行专属产品、VIP 非金融等专业化一站式服务。

无锡银行利用社保、公积金等数据，推出“锡银快贷”新型消费贷款产品。尝试物联网金融的创新探索，与无锡物联网龙头企业合作推出物联网动产质押融资业务。

吴江银行推出市民易贷通，依托社保、公积金等数据服务社保卡、市民卡客户，贷款申请与审批发放均为线上办理，提升了客户体验。推出培训贷，采用无纸化电子签名、人脸识别、活体检测等先进的互联网金融技术，首次尝试拓展教育培训细分市场。

兴业银行开展“流程机器人”（RPA）试点应用，完成“大额现金贷分期”和“信用卡注销挽留”机器人的开发上线，通过直接创收或挽留高端客户大幅提升业务收入，节约人力成本，提高业务处理效率。研发上线兴业智投，通过大数据分析，采用机器学习算法，根据最新市场状况选择最优基金组合，智能计算最优组合比例，结合客户风险偏好和投资期限选择，为企业、零售客户定制最优投资基金组合方案。

综上所述，大部分银行机构的在财富管理和投资管理等方面创新都采取了与其他机构或企业合作的方式，事实上让渡了一部分“金融决策权”。金融权力在更大范围内的分配不仅在资金筹集和使用过程中产生影响，也会对普通大众参与金融事务的心态和能力产生影响，这个影响正在逐渐显现。

第4章　金融科技、金融危机与金融稳定

金融科技的应用及其前景的描述绝大多数是正面的，少数文献提到了金融科技的监管和金融稳定，但是论述远远不够充分。本章的内容不打算重复这些论述，而是选择了一个比较特殊的切入点：金融危机与欺诈。

从比较长远的历史和比较广泛的国别史来看，金融危机并不是偶然事件，而是一种经常发生的“常规事件”。

任何一次金融危机过后，人们都会发现有各式各样的欺诈行为相伴随。不过，还没有人对欺诈与金融危机之间的内在联系作深入细致的研究，这种忽视可能源于两个原因：一方面也许很多人认为这是理所当然的事情，不值得深究；另一方面可能是这一主题是跨学科的，金融危机属于经济学范畴，而欺诈属于犯罪，是法学家研究的事情。对于前者，既然在众多金融危机中都能发现欺诈行为，它们之间的内在联系就有研究的必要；对于后者，经济学与法学各自的研究方式既不相同，也互不相关，导致对于欺诈行为与金融危机的研究变成“两张皮”，相互之间的内在联系正是一个研究的空白点。本章试图填补这样一个空白点，建立一个分析金融欺诈行为与金融稳定之间内在联系的理论框架，这一框架包括金融危机的产生、发展和爆发一系列过程。笔者认为，金融科技不会改变金融欺诈与金融危机的内在联系机制，而是会成为其中的一个重要部分。

4.1 金融危机模式

提出一个金融危机模式，并不意味着可以用这个模式预测并防止金融危机，只是便于更好地理解已经发生过的金融危机，并且这也不是理解金融危机唯一的工具。

海曼·明斯基有一个著名的危机模型，他强调债务结构，尤其是杠杆债务合约在导致企业财务困难的过程中起到的作用。这个模型有效地说明了经济与金融发展的历史。

根据明斯基模型，发展的第一步是宏观经济体系的外部冲击。外部冲击的性质不一定相同，也许是战争、发明、政策变化等，不管产生冲击的原因是什么，这个冲击必须是规模足够大、影响十分深远，改变了经济中至少一个部门的利润机会。新的机会吸引新的资金、新企业进入，投资与生产上升，导致经济走向繁荣。

第二步就是信用扩张导致的经济繁荣。信用包括银行信用和个人信用，货币支付手段可以在现有银行体系内部扩张，也可以通过新银行建立和创造新的信用工具来扩张，个人信用也有极大的伸缩性。信用体系的不稳定性，使得经济繁荣阶段可以迅速得到足够的金融支持。

第三步是投机过热。随着该领域的货币扩张，现有生产能力不能满足需求，价格发生明显上涨，出现新的盈利机会，又刺激了新的投资，对价格上涨进行投机的行为不断增加。

第四步是货币扩张。这一阶段的货币扩张与经济繁荣阶段不同，经济繁荣阶段还没有脱离商业运营的利润。在这一阶段已经是对价格上升的纯粹投机，越来越多的人在追求致富，但并不理解这一过程。对高风险业务比较冷漠的人也被吸引进来，市场偏离了基本经济因素。这一过程得以发生，主要的功劳应归功于货币支付手段的扩张，包括银行和个人信用的极大扩张。

第五步是泡沫巅峰。脱离基本经济因素就是人们通常所说的泡沫。货币极大扩张导致投机涉及的领域极度繁荣，这种繁荣的表面隐藏着越来越多的欺诈。有时候是泡沫不能持续下去导致欺诈，有时候泡沫本身就是欺诈。

第六步是危机显现。这一阶段开始有欺诈行为暴露，部分人对前景的预期发生变化，并选择退出，转让、交易量放大。或许会有人出来提出警告，但信者寥寥无几。价格上涨导致一些人或企业出现财务困境。这种困境会持续多久是不一定的，一旦坚持不下去，危机就爆发了。

第七步是泡沫破灭。泡沫破灭的特征是投机对象的价格崩溃式下跌，信用体系无法正常运转，崩溃的实质是信用的丧失。当然，并不是每一次的投机过热都会崩溃，也可能在财务困境持续一段时期后实现软着陆。泡沫破灭也可能会传播到国外，甚至不止一个国家。传播的渠道有国际套利、国际贸易、资本流动或心理效应等。

第八步是危机的消除。对于泡沫的破灭，是让市场自己解决，清算人类的愚蠢，还是政府、央行等机构作为最后的“救世主”来挽救危局？历史上一直对此有争议。但是实践领先于理论，大多数时候，当局都会有挽救的举动，以减轻危机的负面效应。

历史已经证明，任何成为经济过热的投机对象，其价格都将崩溃。历史也表明，投机引起的危机从未断绝，只是中间会有一段时间间隔，在这一间隔时期，人们从失败中恢复过来，淡忘过去，再满怀热情地投入新的投机中去。

4.2　重大金融危机概述

历史上曾发生过多次金融危机，其中几次颇具“知名度”，已经超越了经济学界，成为尽人皆知的“非理性”事件的代言者。通过这几次金融危机典型案例的剖析，我们将揭示欺诈并不是脱离于金融危机之外的偶然的道德事件，而是金融危机中不可或缺的一个有机组成部分。典型案例包括：密西西比计划、南海泡沫、郁金香狂潮以及1929年大崩溃①。

4.2.1 密西西比泡沫

密西西比泡沫与约翰·劳密不可分，从头至尾都离不开这个人。前面介绍法国的金融体系比英国落后一百年，与这次投机事件也是有莫大的关系的。很多人说约翰·劳是个骗子，但是经济史学家对他评价很高，他的货币理论很先进，绝对是当时伟大的货币理论与实践家。

约翰·劳出生于1671年的爱丁堡，父亲经营金铺与银行业务，十分成功。约翰·劳14岁就在父亲的账房里做事，对数学的精通被人们视作天才，三年后，他已经对苏格兰银行业务的基本原理了如指掌。年轻的约翰·劳英俊多金、狂妄自负。女士们称他“美男子劳”，男伴们讥讽他为“茉莉花·约翰”。1699年，父亲去世，约翰·劳决定去伦敦闯荡。凭借数学才能，他制定出特定的计划，很快成为赌场的明星，也深受女士们的欢迎。经过9年的花天酒地，他成了真正的赌徒，不再有谨慎的纪律，终于输光了所有家当。此时，风流韵事也成了麻烦，一个叫威尔逊的先生为了一个女士要与他决斗，很不幸，约翰·劳当场将对手毙命。被以谋杀罪起诉，并判处死刑，

① 本节关于各种金融危机的资料来自马丁·弗里德森编著的《投机与骗局》和加尔布雷斯著的《1929大崩盘》。

约翰·劳成功越狱并到达了欧洲，此后，在欧洲各国游历长达十几年，白天研究货币与金融，晚上在赌场谋生。欧洲各国首都的著名赌场，都流传他的大名，认为他精通概率，富有技巧。没有资料记载他从事过什么实业，他的生活来源似乎就是靠成功的赌博。威尼斯、热那亚和巴黎都曾驱逐过他，理由是对于本城的年轻人影响不好。

在巴黎，约翰·劳在沙龙里结识了奥尔良公爵，他抓住一切机会向这位与王冠仅一步之遥的公爵灌输自己的金融主张，公爵也十分喜欢他。这个人物在约翰·劳以后的生涯中起到了至关重要的作用。1715年，路易十四去世，王位继承者只有7岁，奥尔良公爵成了摄政王，国王成年之前由他来管理国家事务。约翰·劳在向各国首脑推销自己的金融计划未果之后，终于迎来了转机。

路易十四统治下的法国，金融处于一种极端无序、混乱的状态。从路易十四到最低级的官员，没有一个官员不腐败，法国到了崩溃的边缘。国家债务高达30亿里弗（法国一种旧的货币单位），整个国家的年收入是1.45亿里弗，政府开支是1.42亿里弗。只有300万里弗可用于还债务利息。圣西蒙公爵甚至建议摄政王召集政府要员，宣布国家破产。在这种情况下，约翰·劳出现了，得到了宫廷最衷心的欢迎。

约翰·劳首先提出了两份备忘录，指出困扰法兰西的根源在于通货不足，解决办法就是发行纸币。与此同时，约翰·劳将自己以前关于货币和贸易的论文译成法文，大力宣传自己作为金融家的名声，摄政王的心腹也到处宣扬摄政王对约翰·劳的赞赏之词。约翰·劳很快成为全国谈论的焦点人物。

1716年5月5日，颁布了一份皇家布告，授权约翰·劳与他的兄弟一起，以约翰·劳公司的名义成立一家银行，本金固定在600万里弗，每股500里弗，一共是1.2万股，其中1/4用金属铸币购买，其余的必须用政府公债购买。约翰·劳的票据全是见票即付的，可以与金属货币等额兑换，他宣称，如果哪位银行家在发行银行债券时没有足够的保证，那么他就罪该万死了。因此，约翰·劳的票据在公众心目中地位蹿升，日渐衰弱的商业也有好转，短短一年，约翰·劳的票据升值了15%，他的信誉与日俱增，银行分支机构遍及里昂、图尔斯、奥尔良、亚眠等地。约翰·劳的成功，连摄政王都大感意外，也逐渐形成了这样的观念——纸币可以代替金属货币。

到这时候为止，约翰·劳设计并运营的金融体系是完全符合理论要求的，也是毫不掺假的。

此时，约翰·劳向摄政王提出了一个新的计划——密西西比计划。他建议成立一家有独占性特许权的公司，该公司且只有该公司可以与密西西比河及其西岸的路易斯安那州进行贸易。人们都认为那个遥远的国度盛产贵金属，十分富饶，而这家公司一定是利润丰厚。这是可以给人丰富的想象空间并且不容易核实的业务，这种性质正是孕育欺诈行为的温床。

1717年8月颁布了正式的授权书，资本金分为20万股，每股500里弗，可以用公债支付。投机热潮开始席卷全国，约翰·劳的银行不断获得新的特权，最终变为法兰西皇家银行，没有人会怀疑他的成功。

约翰·劳的银行一变成公共机构，摄政王就要求它制造10亿里弗的纸币，完全忘记了约翰·劳当初所说的“银行家发行票据时，没有足够的保证就罪该万死了”。纸币的过量发行是个灾难，当时就有大臣表示担忧并反对，议会也试图阻止约翰·劳的影响力，经过激烈的斗争，议会被摄政王镇压下去，议长和两位议员被关押在监狱中。实际上，部分准备金制度在当代已经是很正常了，但部分准备金制度的良好运行是需要许多配套制度来协调管理的，当时的约翰·劳和摄政王显然只看到了部分准备金制度的好处，而忽略了部分准备金制度引发的不良后果。

密西西比公司在 1779 年获得与东印度、中国、南海进行贸易的独家专有权，并且接管了法国东印度公司的所有财产。公司更名为印度公司，增发 5 万股新股。约翰·劳还承诺对价值 500 里弗的每股股票每年派发 200 里弗的股利。那些以公债名义价值购买股票的人，实际支付价格仅为 100 里弗。这种利润已经不是一家正常运营的公司可以持续提供的了，我们不知道约翰·劳当时的动机是什么，但以这种利润去吸引新的投资者，无疑已经有了欺诈的意味了。

如此高的利润引发了群众的无比热情，认购量迅速超过 30 万股。约翰·劳的住所一天到晚被公爵们、侯爵们及其夫人们围得水泄不通。股价每天都在上涨，无论男女老幼、贫富贵贱都在投机。约翰·劳所住的街道由于聚集的人群太多，交通事故频发，该街道的房屋租金从每年 1000 里弗暴涨到每年 1 万至 1.6 万里弗。据说一个驼背赚取了可观的收益，他的业务就是出租自己的驼背给投机者做写字台。约翰·劳只好搬家到更宽敞的旺多姆广场，结果这个广场中售货亭和帐篷拔地而起，赌场也搬了过来，广场成为举办一切大小活动的首选地。最后约翰·劳被迫再次搬家，这次他高价买下了卡里格南王子的索伊森旅馆，王子保留了旅馆背后的一个面积达几公顷的大花园。这个大花园成了股票交易所。

股价节节攀升，约翰·劳现在如日中天，人们支付给约翰·劳的仆人无数的小费，希望见到约翰·劳一面，或者只是把名字通报进去。约翰·劳的车夫赚到足够的钱，自己买了马车，并提出辞呈。他找来以前的两位同伴，约翰·劳挑了一位，另一位他自己留着做车夫了。为了见到约翰·劳，人们想尽了一切办法，摄政王对神父说，想为女儿请一个保姆，希望至少是公爵夫人地位的女士。神父回答：“您只要去约翰·劳先生家就可以了，在那里您可以见到巴黎的每一位公爵夫人”。

与约翰·劳相关的传说数不胜数，其他的传奇故事也广为流传。德拉莫特神父和塔拉森神父看着疯狂的人们，互相祝贺，庆祝彼此没有失去理智。几天后，塔拉森神父从索伊森旅馆出来，正碰见德拉莫特，他们俩都是来购买股票的。两人尴尬地打了招呼就分手了。再次见面时，两人大谈哲学、科学与宗教，就是不谈股票，过了好长时间终于谈到这个话题，他们一致同意：人们不应该发誓说绝对不做某件事情。

议会警告过量的纸币发行会令这个国家破产，但没有人理睬。摄政王认为这个系统带来了伟大的成效并且永远不会失效。民众的热情使得密西西比公司的股价越涨越高，也就需要更多的银行券来满足交易的需要。直到1720年年初，出现了第一个警示信号，孔蒂王子因为约翰·劳拒绝廉价出售新股给他而产生报复心理，他派人到约翰·劳的银行，用一笔巨大的票据要求兑换铸币。此后不久，就有人对纸币产生不信任感，效仿孔蒂王子。越来越多的人把金银等贵金属运出国界，政府很快发现了这个问题，颁布了各种限制措施，但是根本不能阻止贵金属流向英国和荷兰等国。人们对纸币失去了信任，密西西比公司股价迅速下跌。政府采取了很多挽救措施，但结局是情况更加恶化。对约翰·劳的尊敬和赞美已经被痛恨和诅咒所代替。

部分准备金制度无疑是一个重大创新，但是，如果管理不当的话，也完全可以孕育出欺诈行为，甚至很多人认为部分准备金本身就是欺诈行为。金融创新与欺诈行为的关系似乎并不像概念界定得那样简单清晰。

4.2.2 南海泡沫

辉格政府的解体给英国的公共信用造成了巨大的伤害，而英国政府迫切需要为总额将近 1000 万英镑的陆军和海军债券以及其他债券提供清偿工具，此时，一家尚无名号的商业公司将这笔债务揽到了自己身上，政府则同意担保它们在一定期限内的年利率为 6%。为了提供这笔高达每年 60 万英镑的利息，政府永久性地把酒类、醋、印度货物、丝绸、烟草、鱼翅以及其他一些商品的税收作为报答支付给这家公司。政府还赋予这家公司从事南海贸易的垄断特权，这家公司从此有了一个响当当的名字——南海公司。这是在 1711 年，创办人是牛津的哈利伯爵。

即使在这个早期阶段，南海公司与民众就已经对南美洲东海岸的巨大财富形成了幻想，在没有实质性进展的情况下，公众对南海公司的信心却不断增长。与约翰·劳的密西西比公司一样，具有想象空间且不容易核实的业务是南海公司发展的基础，也是促使欺诈行为产生的基础。

当时大不列颠规模最大的两家货币公司一家是英格兰银行，另一家就是南海公司。尽管南海公司与南美洲国家的贸易对公司每年的收入几乎没有贡献，但是作为一家货币公司，南海公司依然欣欣向荣。

在约翰·劳的密西西比计划达到巅峰的 1720 年，南海公司向议会提交了著名的偿付国家债务的计划，财富幻象不断展现在欧洲两个最负盛名的国家面前。为了与英格兰银行竞争，南海公司的计划十分优越，对政府很有吸引力。南海公司建议包揽总额高达30981712英镑的国债，只需要5%的年收益率，1724年后，立法机关有权赎回全部债务，并且年收益率降为4%，这个建议受到议会的热烈欢迎。第二天，南海公司的股价就从130英镑涨到了300英镑。在这份议案还在进一步讨论的时期，股价就一直在令人瞠目结舌地飙升。到处流传着关于英国和西班牙签订的条约，据说根据条约，南海公司拥有对西班牙的所有殖民地进行自由贸易的权利，丰富的矿藏将源源不断地运往英国，直到银子变得和铁矿一样多为止。这种“据说”的消息往往就是欺诈行为的标志。最后，南海公司的股价上升到400英镑。

1720年4月，上议院通过这项提议，同一天得到了皇家许可，成为该国的法律。当时的英国，似乎举国上下都成了股票投机人，“南海之水也无法熄灭这种渴望之火”。谣言和传说充斥着交易所，任何一条编造的谣言都足以造成股价的上涨。南海公司乘机发行新股，进一步掀起了人们的投机热情。南海公司的这种行为简直就是“合法欺诈”。

欺诈行为迅速蔓延开来，数不清的合股公司如雨后春笋般在大不列颠的各地涌现，绝大多数一开始就是骗局。一个项目是制造永动机轮——资金为100万英镑，有一个计划更加疯狂，该计划说“一家从事一项具有巨大优势的事业，尚无人对它有丝毫的了解”，公司发行5000股股票，每股100英镑，每股只要先存入2英镑即获得认购权，这个天才承诺一个月之后向股东们公布详情，并收取剩余的98英镑的认购款。计划书公布的第二天，“天才”在康希尔开办了一个办事处，立刻被人们围得水泄不通，下午3点关门时，发现自己售出了至少1000股，预收款全部交齐。当天夜里，“天才”就带着2万英镑逃往欧洲大陆了。

欺诈行为层出不穷，难以尽数，以下是一份被一项命令宣布为非法并随后取缔的泡沫公司名单：

（1）进口瑞典铁矿；

（2）为伦敦供给海煤；

（3）为迪尔城提供淡水；

（4）从事一项能够获取巨大利益的事业（无人知晓是什么事业）；

（5）为葬礼提供服务；

（6）发展皇家渔业；

（7）保证航海人员的工资；

（8）向勤勉之人提供帮助与鼓励；

（9）购买和改良可出租的土地；

（10）进口沥青和焦油；

（11）改进肥皂工艺；

（12）提供马匹保险；

（13）浪行屋瓦贸易；

（14）开办大药房；

（15）在克鲁兹岛上修建居民区；

（16）制作玻璃瓶；

（17）制作永动轮；

（18）改造花园；

（19）向儿童提供财产保险；

（20）在普通住所装卸货物并替人谈判；

（21）进口核桃树；

（22）特殊产品的贸易和改进（什么产品无人知晓）；

（23）制作包装纸；

（24）对寡妇及其他人提供折扣年金；

（25）建立美洲渔场；

（26）提高造纸业水平；

（27）用热空气烘干麦芽；

（28）改良马匹品种；

（29）为主人提供保险，使其免遭仆人带来的损失；

（30）收容并养育私生子；

（31）从铅矿中提取白银；

（32）将水银转变为可锻造的优良金属；

……

5 月 29 日，南海公司股价为 500 英镑，4 天内，股价疯涨至 890 英镑。此时，人们一致认为不会再涨了，许多人抛出了，6 月 3 日，猛跌到 640 英镑，南海公司的董事们大惊失色，在紧急买进的情况下，回涨至 750 英镑。到 9 月 2 日，又跌到 700 英镑。此后，股价逐渐下跌，期间的种种故事我们就不多说了。到 9 月中旬，已跌到 400 英镑。

1720 年年底，人们对南海公司的全部股票进行了核算，发现总额高达 3780 万英镑，南海公司的股价已跌回正常水平。南海公司的董事们被立法机关监禁，所有财产被没收，仅余一点可怜的零头做生活费。没收的财产总额高达 201.4 万英镑，很多是与南海公司无关的财产，董事们根本没有辩护的机会。

科学家牛顿也卷入了南海泡沫，开始赚了 7000 英镑，后来加大投入，最后损失惨重，他悲叹：“我可以计算天体的运行，但我无法计算人类的疯狂”。牛顿其后多年都不愿意提“南海”这两个字。

比较南海公司所引发的欺诈行为和密西西比泡沫事件，我们发现都有政府行为参与其中，政府机构的担保无疑在最开始给了公众以最大的信心，随后事情的演变超脱了政府的控制范围，逐渐从真实的业务向虚假的想象转变，投资行为也变成了欺诈。

4.2.3 郁金香狂潮

郁金香在 16 世纪被引入西欧，引入后一直是名流显贵追逐的目标，尤其是荷兰和德国，郁金香是富人梦寐以求的东西。1600 年，有人从维也纳带回并种植了英格兰第一株郁金香，从那时直到 1634 年，如果哪个富人家里没有收藏郁金香的话，就被视为品位不高。

1634 年，拥有郁金香的狂潮席卷了荷兰，随着人们的热情高涨，郁金香的价格也节节攀升。郁金香品种繁多，比较贵重的有“可爱的里夫肯”“海军上将范德·爱克”“总督”“恰尔德”等。最为昂贵的品种是“永远的奥古斯塔斯”，1636 年年初，荷兰境内只有两颗“永远的奥古斯塔斯”球茎，一颗在阿姆斯特丹的一个交易商手中，另一颗在哈利姆手中。当时竟然有一个人提出用 12 英亩（1 英亩 = 4046.856 平方米）的建筑用地来交换哈利姆手中的那颗郁金香球茎。当然，后来这个品种多了，价值也下跌了。

1636 年，对郁金香的需求变得如此旺盛，以至于在阿姆斯特丹、鹿特丹、哈利姆、莱登、奥尔科马、霍恩以及其他城市都建起了专门从事郁金香交易的正规市场。人们前赴后继，一个一个冲进交易所，无论开价多少，都会掏出钱包照单全付，没有人怀疑郁金香的价格将永远上涨，贫穷将从荷兰国土消失，所有人都来“赏玩”郁金香。由于人们将房屋与土地都换成现金来购买郁金香，导致房地产价格一落千丈，外国人也纷纷加入，金钱滚滚而来，又把房屋、马匹等物资价格抬了上去。

故事最后的结局是可以预料的，一部分人开始认为价格不会上涨了，并抛售郁金香，越来越多的人接受这个判断，郁金香价格一直跌下去，再也没有起来过。四面八方都是指责、违约和诈骗。泡沫破灭后的灾难总是类似的。

在几年的争执和谈判后，郁金香持有人代表大会达成协议：在1636年11月以前签订的所有郁金香合同都被宣布无效，在此后签订的合同，买方支付卖方10%的合同金额后解除合同。但是任何协议都不能解决泡沫造成的遗留问题。

关于郁金香泡沫，没有政府行为掺杂其中，对金融体系的影响也要小得多，并没有多少资料能具体反映欺诈行为的严重程度。郁金香泡沫本身不是欺诈，但当泡沫无法持续下去时，就会引发欺诈行为。

4.2.4 1929年大崩溃

1929年的大崩溃对世界经济的影响太重大，对经济学理论的影响也太重大，这其中也离不开金融欺诈。

20世纪20年代，对于美国来说是“沸腾的20年代”。1925～1929年，制造企业从18.39万家增加到了20.67万家，产值由608亿美元增加到680亿美元，美国联邦储备工业生产指数从1921年的67点涨到1929年6月的129点，1929年美国的汽车产量是535.8万辆，而24年后的1953年，汽车产量也才570万辆。

1928年12月4日，柯立芝总统发表国情咨文：“从未遇到过比现在更加令人鼓舞的繁荣景象……，我们迎来了前所未有的繁荣年代……前所未有的繁荣主要有赖于美国人民的品质和团结”。整整一代历史学家指责柯立芝由于盲目乐观而看不见一场正在孕育的暴风骤雨。

很难说清 20 世纪 20 年代的股市繁荣是怎么开始的。一开始的股价上涨是有合理基础的：公司收益良好，并且有增加的趋势，从总体上看股价偏低。1924 年下半年股价开始上涨，涨势一直延续到 1925 年年底。1926 年年初发生了一次严重下挫，纽约时报工业指数由年初的 181 点下跌到 3 月底的 143 点。另一次下跌发生在 10 月，但是很快止跌回升，到年底基本恢复到年初的水平。1927 年，经济增长是实实在在的，股价也是几乎每个月都在上涨，全年只有两个月的平均股价没有上涨。

1928 年年初，繁荣的性质发生了变化。关于股市沸腾的新闻经常出现在报纸的头版上，1928 年 3 月股市真正达到了“沸点”，人们似乎无所不能。到 6 月，股市向后退却了，跌幅达到了 3 月全部涨幅，6 月 13 日的一家报纸甚至报道说：“华尔街的牛市昨日崩溃，爆炸声响彻全世界”。11 月 7 日，胡佛当选总统的第一天，股市暴涨，然后是连续的成交量高企，但是到了 12 月，股市又转头向下。纽约证券交易所 1928 年全年的成交量为 920550032 股，比 1927 年的 576990875 股大得多，最显著的特征是保证金交易的明显增长。

1929 年 1 月涨势仍在继续，但是市场已经变得很敏感。联邦储备委员会天天在华盛顿召开会议，但不发表任何声明。3 月 25 日星期一，在星期六会议闭幕仍然没有任何消息之后的第一个交易日，紧张气氛变得忍无可忍，终于开始出现抛盘，股市下跌了 10 ~ 12 点，银行开始减少在短期拆解市场上放款。第二天仍然没有任何消息，恐惧心理出现，股市几乎直线下跌，成交量竟然达到 8246740 股，远超过以往的记录。

20 世纪 20 年代末，最著名的投机品种就是投资信托或投资公司股票，投资信托不是创办新企业或扩大旧企业，而只是一种旨在通过成立新公司来让股民持有已有公司股票的安排（通过出售股票筹资，汇集资金购买已有公司的股票进行投资，业务类似于现在的基金）。1928 年全年有 186 个投资信托问世，1929 年头几个月，投资信托以接近一个交易日成立一个的速度发展，1929 年全年共设立了 265 个投资信托，1929 年投资信托出售了估计约 30 亿美元的证券，相当于当年新募集资金的 1/3。面对公众的投资热情，投资信托公司无疑缓解了股票的“稀缺性”。

投资信托的唯一资产就是它拥有的股票、债券和现金，特别之处在于它们是由一群“金融天才”选择的，因此安全可靠并且极具盈利可能性。投资信托除了投资才能外，还有一个法宝是杠杆，作用原理是这样的，公司发行债券、优先股和普通股来筹集资金，然后购买一个普通股组合，当购买的股票价格上涨后（没有人会做亏本的假设），利润大部分会分配给投资信托的普通股股东，债券和优先股持有人只能按照约定获得一个固定的收益。结果，投资信托普通股的股价就大幅度上升了。

举个例子说明：发起一个投资信托，资本金 3 亿美元，债券、优先股和普通股各占 1/3。全部资金都用于购买股票组合，半年后约增值 50%（符合 1928～1929 年上半年的情形），那么该信托的资产价值约为 4.5 亿美元，债券和优先股的价值仍然是 2 亿美元（不会增值），普通股价值由 1 亿美元增值为 2.5 亿美元，信托增值 50%，信托普通股增值达到 150%，这就是杠杆的原理。

杠杆魔力可以发挥到令人难以置信的地步。比如说，上述投资信托的股票被另一家同样杠杆比率的投资信托公司所持有，结果就是：

第一家信托公司增值 50%，其普通股增值 150%，假设它使得第二家信托公司增值 100%，那第二家信托公司的普通股将增值 400%，如果该普通股被第三家信托持有……，这是一个几何级数的增长。1929 年的华尔街发现了这个几何级数奇迹，大家都在忙于发起投资信托，已有的投资信托又在忙于发行新的信托。第一个信托的杠杆效应使得发起第二个更大的信托变得容易，进而使得第三个成为可能。哈里森·威廉姆斯在 1921 年掌握着一家价值 600 万美元的公司，依靠杠杆效应，在 1929 年发展成为价值 10 亿美元的投资信托和控股公司系统。美洲创始人集团在 1922 年出资 500 万美元创设了投资信托公司，到 1929 年，资产价值超过 10 亿美元。

1929 年夏天，股市支配着新闻，也笼罩着文化。每个地方总有那么一个人能够准确地把握买卖股票的时机，他们被奉为“股神”，画家、剧作家、影视名人都在股市新闻中露面，妇女和老人们谈论钢铁股就像谈论菜市场上的鲜鱼一样，“全民炒股”的说法四处流传。几年以后的调查表明，参与人数被大大夸张了。正如加尔布雷斯所说：“关于 1929 年股市投机最令人惊讶的不是参与人数的规模，而是股市投机成了美国文化的核心内容”。

1929 年 9 月 4 日，市场状况仍然不错，9 月 5 日，市场突变，下跌引起了关注，多次看空的巴布森发表看法：崩盘迟早会发生，而且可能是令人恐怖的。著名货币经济学家欧文·费雪发表了相反的看法：下跌是可能的，但绝不会崩盘。

信心的消失并不是突然的，整个 9 月和 10 月，尽管市场呈现下跌趋势，但也上涨过，成交量也不小。新股的发行也没有减少。

10 月 15 日，费雪教授发表看法，认为股价将长期处于高位，并且还会继续上升。

10 月 19 日，股市表现糟糕，是历史上成交量第二大的星期六，蓝筹股大幅下跌。

10 月 20 日，星期天，各家报纸的头条新闻纷纷报道股市“抛售浪潮”，但各家报纸也一致同意“最困难的时刻已经过去”。

10 月 21 日，星期一，成交量达到 609.187 万股，是历史上第三大成交量。但是人们信心还没有完全丧失，净跌幅大大小于星期六。费雪发表评论说，股市还会上涨得更高。

10 月 22 日，星期二，股市震荡，略有反弹。巴布森建议卖出股票，买入黄金。

10 月 23 日，星期三，股市严重下挫。

10 月 24 日，星期四，史称 1929 年大崩溃的第一天。交易量达到 12894650 股，开盘时股价坚挺，但交易量很大，然后突然下跌，上午 11 点，股市疯狂抛盘，股价可怕地暴跌，到了 11 点半，股市完全听凭恐慌摆布。纽约证券交易所发出阵阵怪异的吼叫，一只特警队被派来维持治安，人们都聚集过来，等待发生什么，但不知等什么。一个工人出现在附近大楼顶上，准备维修楼顶，楼下观众以为他要跳楼，都焦急地等待他纵身一跳。恐慌只持续到中午，12 点，摩根公司总部，金融家们紧急召开会议，并公开宣布“救市”，股价迅速反弹。

星期五、星期六，股市保持巨大的成交量，股价稳定。

星期天，人们纷纷发表言论，批评美国人的投机行为，现在受到了惩罚。舆论普遍认为股价变得偏低，会有人迫不及待地补仓。大家都在为星期一的迅速恢复做准备。

10 月 28 日，星期一，更可怕的日子来到了。成交量比上周四小，但损失比上周四严重得多，股市一路下跌。

10 月 29 日，星期二，纽约证券交易所问世以来最具灾难性的一天，有可能是证券交易所历史上最具灾难性的一天。成交量远超过黑色星期四，跌幅与星期一持平，恐慌相当于黑色星期四和星期一之和。

10 月 30 日，星期三，股市奇迹般上涨了。

10 月 31 日，星期四，股市又上涨了。

随后三天股市休市。期间，大家都以为“救市”行动有效果了。

11 月 4 日，星期一，股市一开盘就出现骇人听闻的暴跌，给了各路专家们当头一棒。

11 月 5 日，州长竞选日，休市。

11 月 6 日，星期三，股市发疯般的狂跌。

11 月 11 日至 13 日，股市连续下跌，“恐怖成为生活的法则”。

11 月 13 日，股市终于停止了下跌，政府采取了减税等措施，频繁会见各行业人士，并发表各种乐观言论，鼓舞人心。

1930 年 1 月、2 月、3 月，股市大幅反弹，6 月股市又一次大幅下跌。此后，股价日复一日、月复一月地一路下滑，直到 1932 年 6 月为止。此时的股价比股市崩溃时的最低价位还要低得多。

1929 年 11 月 13 日的纽约时报工业股平均指数是 224 点，1932 年 7 月 8 日跌到 58 点；1929 年 11 月 13 日，洛克菲勒说新泽西美孚石油股最低不会跌破 50 点，到了 1932 年 4 月 20 日跌到了 20 点以下。而投资信托，都已经是一钱不值了。

4.3　欺诈的需求与金融稳定

欺诈之所以出现，是因为有需求；之所以在某些时期增加或减少，也因为该时期对欺诈的需求有变化。根据前面描述的金融危机模式，在危机的不同阶段，社会对欺诈的需求是很不一样的，需求的性质也有区别。从决定需求的关键因素出发，本章把对欺诈的需求分为两类：一类是维持原有泡沫的欺诈需求；另一类是纯粹的欺诈泡沫。下面对此给出进一步说明。

4.3.1 欺诈的需求Ⅰ——基于泡沫的持续

从金融危机的产生与发展的全过程看，首先是有一个大规模的实际经济冲击，引发大量的实际经济机会，部分人抓住了利润机会，投资增加，产量增加，新的经济体开始增长，并吸引更多的人加入，价格逐渐上涨，新的机会不断涌现，形成一个正向循环。这个过程不断推进和扩张，最后，必然到达这样一种程度，即有些项目的利润机会已经挖掘殆尽，不再有持续下去的经济可能性。但是，卷入这一机会寻求利润的人并不能理性而准确地作出这样的判断，此后的价格上涨和对利润的追求就是通常所说的“泡沫”了。许多人的利益必须靠维持这个“利润可能性”才得以实现，或有希望实现。为了维持这个泡沫，只能采取可疑行为，甚至欺诈，这就产生了对欺诈行为的需求。

这种性质的欺诈需求主要取决于两个方面的要素：一是实际经济机会；二是相关的价格水平，通常是相关的资产价格水平。

这里所描述的泡沫不是凭空产生的，而是有现实的经济基础。来自宏观经济的冲击确实造成了经济环境的重要变动，产生了实际的利润机会，这些利润机会是实实在在的，投入的资金确实能够产生合理的高额利润，由此引致的经济增长也是真实的。不过，这个过程发展是有一定限度的，只是由于这个限度不是人人能够轻易判断的，事后看来，人们往往会发现，走过头是常见的事情。对于实际状况难以准确衡量是导致泡沫的温床，这种情形下的欺诈一般是对事实和前景的虚幻描述，由于前期的发展态势良好，多数人不知道这种发展态势能够持续多久，而欺诈的产生就是为了维持这样一种态势。为了维持具有实际经济基础的泡沫的欺诈特别难以识破，一是利润机会结束的确切临界点没人能够及时识别，二是欺诈者和被欺诈者其实都不太愿意主动去“识破”。这种欺诈是符合很多人的“需求”的，欺诈者固然需要，被欺诈者也是“需要”的，因此，只有泡沫到了实在是难以维系下去的情况下，欺诈才得以揭露，此时，欺诈的暴露也许只是一个泡沫无法维持下去的信号，并不是泡沫维持不下去的原因。

实际经济机会越多，吸引的资金和投资者越多，显然到了某种程度，需要维持下去的泡沫也越多越大，因此对欺诈的需求也越多，两者呈正方向变化的关系。

价格的高低是衡量泡沫大小的一个变量，价格越高，泡沫就会越多越大，欺诈的需求也会越大。因此，价格水平也与欺诈需求呈正向关系。

用函数形式对此关系做一总结，即：

$$D_1 = F(P, Y) \tag{4-1}$$

其中，三个变量的含义依次为欺诈的第一类需求、相关的价格水平和实际经济机会。

由于这类需求与实际经济状况具有或紧或松的联系，因此，在金融发展的任何阶段都可能发生。尤其在形成金融危机的初期，泡沫正在形成，这类欺诈行为逐渐增多；到泡沫变大，经济体系演变成泡沫繁荣形态，此类需求达到高潮。

下面的欺诈案例可以说明实际经济机会在失去盈利性时，要维持下去就有可能产生欺诈行为。该案例发生在安徽合肥市，从银行骗取贷款达1000多万元，这是对欺诈案例庭审情况的一篇新闻报道：

庭审中，面对公诉人的讯问，作为第一被告人的王某山坦言自己之所以可以大肆骗贷，是银行的漏洞给了他机会。法庭未当庭作出宣判。

“在生意不行的时候，我拿自己的房产证到银行去贷款，办理手续过程中发现通过各种关系和方方面面的配合，贷款手续是可以很顺利地办下来，于是我想到了办假证贷款”，在回答公诉人讯问时，第一被告人王某山道出了自己可以连续“忽悠”银行的主要原因：“在发现银行的管理漏洞后，我和朱某斌一起找做假证的人，做了假房产证去银行贷款，并安排人员冒充房主到银行签字。”

据王某山供述，他一开始并未想到从银行骗取贷款。他成立的合肥某巢商贸有限公司、合肥某存商贸有限公司、安徽某朗商贸有限公司等几家公司主要从事煤炭、化肥、水泥等业务，在2006年前的生意还是可以的。到了2006年，由于公司生意不景气，为了能够筹集资金，想到平时和银行有业务往来，和业务员很熟悉，他就拿着自己的房产证去银行办贷款。在此过程中，他发现银行的办理贷款业务有漏洞。“本来是想还的，但公司需要的资金很多，外债也多，并且还要还银行的本息，所以在归还了部分贷款后，剩下的就没有还了”。庭审中王某山多次为自己辩解。

庭审中，对于到底是谁发现银行管理漏洞并提议去进行贷款诈骗的问题，王某山和朱某斌两人较上了劲，对于是谁去联系办假证的问题也是同样如此。在向法庭供述发现银行漏洞问题时，王某山便很直截了当地表示，最早发现此问题的是朱某斌，办假证也是他和朱某斌一起去的。“凭什么我的公司让他掌控？我自己干得好好的，为什么要到他手下打工？”对于王某山的说法，朱某斌当庭表示：“在王某山把我身份证拿去银行办理贷款让我去签字时，我发现是假贷款，就把钱退了回去。在回来的车上，王某山说我不帮他，他就找人搞我，让我不能在合肥混下去”。对于是谁和银行联系的问题，朱某斌声称一切都是王某山提议和策划的，他的任务就是去银行签个字。对于王某山在庭审中提出异议的那5起事实，全部与他无关。

仅在2006年11月至2007年5月的半年时间里，王某山、朱某斌等人在合肥某银行先后5次骗取了贷款142万元，相隔时间很近。2007年12月至2008年6月，王某山、朱某斌等人又在另一家银行5次骗取贷款298万元。其中，不少贷款所用的虚假房产证竟然是同一张。据指控，王某山在合肥实际控制4家公司。王某山、朱某斌为达到非法占有银行贷款的目的，以公司经营业务需要资金为由，向银行提出房产抵押贷款的需求。2006年10月至2008年6月间，为了掩人耳目，王某山让其哥哥、姐夫、朋友甚至公司员工以自己名义和其事先准备好的假房产证，向银行贷款，共骗取两家银行1002万元。对于银行贷款中，银行人员通常要实地查看房产，王某山等人到底怎样骗取银行信任的问题，朱某斌给出了答案。据其供述，在做好假房产证后，他们会将该房屋先租住起来，冒充房主，以此骗过银行的核实。

对于王某山的罪名定性问题，王某山的辩护人对涉案罪名提出质疑。他表示，王某山骗取银行贷款的主观动机并非是想“占为己有”，而是想用贷款投资企业运营，因此他认为将该案定性为骗取贷款罪更合适。公诉人对此认为，王某山制作虚假房地产权证，并让他人冒充签字，说明其有将贷款“占为己有”的主观意图，同时，王某山的公司自2006年后就没有运营过，这也说明其没有将贷款投入企业运营。

在这一案例中，最终获得的贷款是否投入实际经济运营，与我们的分析并没有太大的关联。最重要的是，欺诈行为产生的原因是作案人原有的业务维持不下去了，要做下去就必须有不断的资金投入来维系，这就产生了欺诈行为的需求。而这种需求确实是与实际经济运作相关的。

4.3.2 欺诈的需求Ⅱ——纯粹的欺诈泡沫

第二类欺诈需求与第一类有着性质上完全不同的区别。这里指的是纯粹的欺诈泡沫，即完全没有实际经济基础的欺诈。

当宏观经济冲击导致一系列正向连锁效应产生时，经济会走向繁荣。在繁荣阶段，公众相信相关的盈利机会无处不在，发财轻而易举。此时，就会产生纯粹的欺诈：一个项目一开始就是一个骗局，不具备经济上的盈利可能性。在金融危机的高潮阶段，人们会看到很多出人意料的“创意”，这些创意夹杂在那些具有实际经济意义的诸多创意之间，并不是那么容易识别，特别是一些“创意”的求证要花费很多时间精力和金钱，甚至不可能求证。而整个金融氛围处于宽松状态，似乎人人都是可以相信的。不过，在泡沫繁荣的顶端，相当多的欺诈泡沫是一个理性的投资者很容易判断的。遗憾的是，处于投资狂热状态时，“非理性行为”随处可见。

这一类欺诈也不是凭空产生的，确实是有需求的。由于信用的极度扩张，流动性泛滥，人们手中的金钱急于寻找可以迅速获得高额利润的项目，“快鱼吃慢鱼”代替了“大鱼吃小鱼”，各种看似有理、实则具有误导性的投资警言充斥着各个角落。实际经济的变化已经不能提供充足有效的“致富机会”，彻头彻尾的欺诈泡沫就此产生。

这一类泡沫的数量完全取决于相关价格的高低以及高价格的持续时间，持续时间越长，这一类泡沫越有可能产生并增多。

用函数表示，就是：

$$D_2 = F(P) \tag{4-2}$$

公式包含两个变量，依次为纯粹的欺诈需求、相关价格水平。

对上述两类需求的决定因素，笔者做了极大的简化，因为本书的目的是建立一个分析框架，具体细节在分析具体问题时可以再细化。这里只要明确金融危机中的泡沫有一部分是有经济基础的，有一部分是从一开始就是欺诈，这就足够了。

把前面两类欺诈需求加起来，就是总的欺诈需求了：

$$D = D_1(P, Y) + D_2(P) \tag{4-3}$$

这是金融危机形成并演变的过程中，关于欺诈需求的方程。在分析完供给后，做供求均衡分析时，还要对不同金融环境中需求的变化进行进一步的探讨。

纯粹的欺诈泡沫就是完全没有经济基础，彻头彻尾的欺诈。本书也可以提供很多案例为证。

2005~2008年，王某凤以非法占有为目的，制造了她与台州市政府领导、市领导亲戚合伙做生意的假象，虚构投资铁路、环保、市政府采购等项目，非法集资4.7亿余元。这些钱大部分被用来支付高额利息、个人挥霍与“六合彩”赌博。其中，赌博累计输掉2703万元。至案发，造成损失1.28亿元。

庭审中，王某凤对被指控的大部分事实含糊其辞或不作正面回答。她说话声音轻如蚊子叫，法警把话筒给她调整了，她还是把声音压得很轻。

公诉人问她做什么生意，她说是外贸和酒店，问她有没有投资铁路、环保等其他生意，她不说话了；

问她赌六合彩的2000多万元是哪里来的，她说是从姐姐那借的，姐姐也是向人家借的。公诉人说，你这么说，你姐姐也要承担责任，她就不吱声了；审判长问她，以前在警方和检察院做的笔录是否属实，她也不回答；

审判长好几次提醒她如实回答，她还是答非所问。

对1.28亿元的去向、用途等焦点问题，她被问急了就说，“细节问题，我不想解释，也无法解释，反正已讲不清楚了，随便你们定（什么罪）好了”。

当日和王某凤一同受审的还有李某彬、陈某敏、伍某华3名被告人，他们涉嫌非法吸收公众存款、非法经营、挪用公款罪。这3人都和王某凤的“圈钱”有关。

李某彬，46岁，台州某公司的法定代表人。他为了赚取高额利息差，非法吸收公众存款累计1029万元，再以月利9%～15%转借给王某凤。至案发，造成损失329万余元。另外，王某凤在李某彬等人为庄家的六合彩投注站累计输掉4862万元，赢回2429万元，亏空2433万元。而李某彬从中非法获利300万余元。

陈某敏是黄岩区某模具厂的法定代表人，他非法吸收公众存款累计1786万余元，转借给王某凤，造成损失951万余元。他还伙同黄岩新来村原村支部书记和村主任（均已判刑）挪用该村土地征用款2000万元，借给王某凤用于营利活动。

伍某华是王某凤的好姐妹，曾因犯非法吸收公众存款罪被判9年，在保外就医期间，为王某凤吸收资金210万余元。

像这样的案例中，所谓的项目和运营一开始就根本是子虚乌有，是彻头彻尾的欺诈，毫无实际经济基础。也只有相关的高价格能够持续下去，才会有许多资金在“赚钱效应”的示范作用下变得“愚蠢”，而成为欺诈行为的受害者。

4.4　欺诈的供给与金融稳定

对欺诈的分析，需求只是一方面，另一方面是供给，只有建立供给方程，并将供给和需求分析结合起来，才能得出有意义的结论。本章就探讨对欺诈的供给取决于哪些要素。

所有的金融危机在爆发之前，都有一个信用扩张的过程，没有信用的支持，任何项目都不可能执行，无论是否欺诈项目。而没有信用的扩张，众多欺诈行为也就难以成功。毫无疑问，欺诈的出现离不开信用的扩张。欺诈最后之所以暴露，很少源于欺诈事件本身，多数情况下，是源于信用扩张逆转，无法继续下去。毕竟，信用扩张不是无止境的。本章把欺诈的供给决定因素也区分为两大类：一类是银行信用的收缩与扩张；另一类是民间信用的收缩与扩张。

4.4.1　欺诈的供给 I——银行信用

从银行产生以来，银行在经济体系中的作用越来越重要。银行在本质上具有两大功能：一是金融中介功能，这是现有金融资源的重新配置；二是信用创造功能，这是创造新的金融资源。古今中外的金融危机，都可以发现信用的收缩与扩张，现代经济就更离不开信用了，甚至可以说是信用经济。而信用的收缩与扩张程度就取决于银行那两大功能的实施程度。

并不是所有人都能够利用银行信用。当宏观经济冲击发生并改变利润机会时，能够发现这种机会的人，只有一部分能够真正抓住机会，一个重要的原因是：只有一部分人能够获得银行的信用支持。有需求还得有供给，银行的资金也在寻求有利可图的机会，新的机会出现，并通过原有的客户和投放渠道把资金投入新领域中去。赚钱效应使得更多的人来争取银行资源，银行信用的投放随着经济的逐步繁荣也在增加并扩展，以前不能得到银行信用人，现在也可以得到了，因为银行在这时放松了警惕。

当信用的扩张到了一定程度，原有资金的重新配置已经不能满足需要。银行就开始发挥它的另一大功能——创造新的信用工具。银行创造信用的功能与金融中介的功能有本质上的不同。历史上国际金融体系长期处于贵金属本位制，严格的贵金属本位制下，货币的发行量是银行体系无法自主决定的，发行的银行券必须有相应的贵金属做保证，如果银行发行票据没有真实金属做保证，就意味着在理论上可以无限制的扩张，必然导致货币发行过多。现代经济是完全的信用经济，特别容易出现金融动荡，原因即在于此。新的金融资源出现了，更多的人可以得到银行的支持，卷入投资热潮的人数进一步扩大，就连毫无专业知识的普通大众都参与进来。他们的判断完全没有专业含量，仅有的信息和投资依据就是价格——公司的业务是什么不重要，甚至连公司名称都不重要，只要价格在上涨，并且会继续上涨就可以了。欺诈有了肥沃的土壤，有了充足的资金支持，只要有需求，就一触即发。

银行体系都是受到政府管控的，因此，获取银行信用的难易程度在各个国家都是不一样的，取决于当地金融制度的具体实施情况。并且，政府对金融行业监控的强弱也有很大的差异。一些国家的监管很严格，一些国家的监管相对宽松。

总体来说，银行信用的扩张是否对投机泡沫起推动作用，并为欺诈行为提供资金支持，取决于两个方面的变量：一方面是相关价格水平，相关的价格水平越高，意味着该领域获取利润的可能性越多，银行越愿意支持相关的项目，该领域的欺诈行为也越容易成功；另一方面是金融政策和制度，这是信用扩张的一个基础和限度。

银行信用的扩张是对欺诈行为的供给来源，用函数的形式表示即：

$$S_1 = F(P, Z) \tag{4-4}$$

其中，包含的三个变量的含义依次为欺诈供给来源的银行信用、相关价格水平和金融制度等。

银行系统是否能够完全掌控整个经济体系的信用，学者们是有争议的。或者说，民间信用的收缩与扩张到底对经济有多大的作用，还是没有定论的。笔者倾向于认为民间信用的收缩与扩张对金融稳定起到重要的作用，这个作用被大大低估了。而民间信用的扩张实在是欺诈供给的另一个重要来源，下节对此进行分析。

4.4.2　欺诈的供给Ⅱ——民间信用

民间信用指的是在银行体系之外的信用活动。银行体系有正规的统计指标，也有一系列的规范性制度。但民间的金融活动一直都是很活跃的，而且也随着经济情况的变化而变化。

当利润机会出现时，银行信用会投入进去，民间的资金也会被吸引过来。各个经济体的民间金融活动都有自己的特色，主要取决于社会特征，如人与人之间的关系、社区联系方式、家庭观念等。尽管每个国家的社会特征有差异，民间信用的扩张和收缩过程都是存在的。

当相关价格上涨时，利润机会已经得到证明，民间信用就会扩张，民间信用的扩张实际上意味着人与人之间的一种信任程度增加。因为有赚钱的诸多先例，人们更容易“轻信”，这就是欺诈行为生长的一种良好土壤了。

民间信用的发展程度取决于两个要素：一是相关价格水平；二是制约民间金融活动的社会特征。用函数表示为：

$$S_2 = F(P, M) \tag{4-5}$$

把前面两类供给加起来，就是欺诈供给的总和：

$$S = S_1(P, Z) + S_2(P, M) \tag{4-6}$$

由于金融制度和社会特征在相当长的时期是既定的，改变起来也比较困难，因此，当价格变化时，欺诈供给的变化要小于欺诈需求的变化。这就决定了金融危机整个过程中欺诈现象变化的基本特征。

下面的案例提供了欺诈与民间信用供给关系的样本。

2007 年 5 月 23 日，王某增出资 500 万元、王某贻出资 4500 万元，合计注册资本为 5000 万元，成立了宁波某仕投资咨询有限公司。王某贻为投资咨询公司执行董事兼总经理，系法定代表人；王某增为该公司财务经理。

投资咨询公司下属控股子公司有浙江某仕制冷设备工程有限公司（控股 90%）、宁波某邦投资有限公司（控股 51%）、宁波某仕进出口有限公司（控股 70%）、宁波某邦进出口有限公司（控股 70%）、宁波某奇家电有限公司（控股 75%）、宁波某仕家电批发有限公司（控股 100%）等多家公司。

2007 年 5 月至 2008 年 9 月期间，王某增、王某贻以其实际控制的制冷设备公司、某邦投资公司或以其个人名义并由其个人、制冷设备公司、某邦投资公司、宁波某基塑业有限公司做担保，以支付 2% ~5% 不等的月息，分别向 17 人（单位）累计非法吸收存款 3.4339 亿元，扣除已付本金、利息后，至案发时尚有 8497.2018 万元未归还。王某增、王某贻非法吸收上述公众存款后，用于个人购买汽车、房产；偿还投资咨询公司及其下属公司银行贷款、支付利息；填补经营亏损；向宁波某谷贸易有限公司、浙江某凯进出口有限公司、宁波某和投资有限公司、王某出借资金，收取高息等。

2008 年 10 月，经被害人汪某（因涉嫌非法吸收公众存款罪被江东公安羁押）等人控告案发。2008 年 10 月 17 日，王某贻协助警方抓获王某增。2009 年 3 月 27 日，宁波市江北检察院向江北法院提起公诉。由于案情复杂，此案先后经检察院两次建议延期审理、辩护律师以需要提供新证据为由两次提请延期审理，法院依法决定延期审理四次。法院认为，被告人王某增、王某贻明知自己不具有吸收公众存款的资格，仍违反国家法律规定，向不特定的个人和单位非法吸收存款，数额巨大，严重扰乱了国家的金融秩序，其行为已构成非法吸收公众存款罪。江北法院一审判决被告人王某增犯非法吸收公众存款罪，判处有期徒刑 7 年，并处罚金人民币 40 万元；被告人王某贻犯非法吸收公众存款罪，判处有期徒刑 3 年，缓刑 5 年，并处罚金人民币 10 万元；对被告人王某增、王某贻的违法所得予以追缴，责令被告人向被害人及被害单位退赔吸收的资金。

在这一案例中，我们可以看到民间信用扩张提供了欺诈行为的支持。吸收的部分资金用于弥补经营亏损，证明整个运作确实与实际经济相关，由于有实际经济基础，欺诈行为难以短期内识破。而这个欺诈行为之所以能够得逞，也与民间的借贷和资金融通习惯密切相关。

欺诈现象的暴露有时候要在欺诈行为产生之后好多年，不过，金融危机爆发的那一刻，常常可以发现欺诈行为会大量暴露出来。事后看来，当金融泡沫到达高潮时，欺诈行为也到达高潮，泡沫破灭、金融危机爆发后，欺诈行为会急剧减少。其中的原因是什么？为什么会有这样的特征呢？本章首先建立了三种欺诈的静态供求均衡，然后用比较静态分析方法解释欺诈与金融稳定之间的内在关系。

4.5 欺诈的三种供求均衡

纵观金融危机的全过程，金融体系运转的状态可以分为三类：金融稳定、金融泡沫和金融危机。相应的，金融欺诈行为在不同状态下会有不同的性质和数量。笔者将其分别称为欺诈行为的稳定均衡、泡沫均衡和危机均衡，三类均衡状态取决于三种条件下欺诈的需求和供给状况。

4.5.1 稳定均衡

稳定均衡指的是宏观经济与金融市场运行比较正常、稳定，没有遭受猛烈的、突然的变化。或者是宏观经济体系已经遭到一个巨大的冲击，改变了利润机会，但是经济体系包括金融市场对此的反应还没有显现出来。

这种情形下的欺诈需求可以描述为：

$$D^{w} = D_1(P, Y) \tag{4-7}$$

其中，上标 W 指的是价格稳定，在宏观经济比较稳定的状态下，对欺诈的需求并不太大，主要的表现形态应该是 D_1，多数的欺诈行为是与实际经济机会相联系的，虽然与相关价格水平有联系，但是完全依赖高价格水平而出现的欺诈行为并不多见，可以忽略。

欺诈的供给可以描述为：

$$S^W = S_1(P,Z) + S_2(P,M) \tag{4-8}$$

就欺诈而言，供给的弹性要小于需求，社会特征一般是比较固定的，如果金融制度不发生变化，供给的状态也是不会发生太大变化的。在宏观经济比较平稳的时期，人们不会发现特别多的欺诈机会，因为此时的信用不会很宽松——银行信用和民间信用都是如此。

均衡状态可以表述为供给 = 需求：

$$D^W = S^W \tag{4-9}$$

$$D_1(P,Y) = S_1(P,Z) + S_2(P,M) \tag{4-10}$$

由于价格 P 比较稳定，均衡的欺诈数量就取决于实际经济机会 Y、金融制度 Z 和民间信用特征 M 三个变量。经济体系的常态是稳定的，这三个变量也只有在特殊时期才会发生大的变化。

可以说，稳定均衡是分析金融动荡时期的一个参照系。

4.5.2 泡沫均衡

泡沫均衡指的是宏观经济遭到一个巨大的外部冲击，改变了利润机会，经济体系和金融市场对此作出了反应，相关价格水平不断上涨。

这种情形下的欺诈需求可以描述为：

$$D^S = D_1(P,Y) + D_2(P) \tag{4-11}$$

其中，上标S指的价格较高并在上涨过程中。随着价格不断上涨，新的盈利机会也不断涌现，原有的盈利机会也会进一步扩张。但是到达一定程度后，一些利润机会已经利用殆尽，要维持下去，就只能依赖欺诈行为了。这是与实际经济基础相关的欺诈。在价格上涨到一定程度后，纯粹的欺诈开始出现并迅速增加，这类欺诈完全由高价格催动，并依赖高价格的持续和继续上涨，没有任何实际经济基础。

欺诈的供给可以描述为：

$$S^S = S_1(P,Z) + S_2(P,M) \tag{4-12}$$

尽管社会特征和金融制度在一定时期内不容易发生变化，但是信用的扩张在任何一种体制中都是可以产生的，只不过金融制度和社会特征决定了信用扩张的具体方式和限度等特征。在泡沫繁荣时期，人们会发现信用是如此充足，只要有需求，立刻就能找到支持这种需求的资金供给。银行信用和民间信用都有极大的扩张，一切都是那么繁荣。价格越上涨，信用越扩张，盈利机会越多，似乎人人都能赚钱。有机会的利用机会，没有机会的就创造机会——欺诈。

均衡状态可以表述为供给=需求：

$$D^S = S^S \tag{4-13}$$

$$D_1(P,Y) + D_2(P) = S_1(P,Z) + S_2(P,M) \tag{4-14}$$

此时的价格P处于较高的水平并且一直呈现上涨趋势，实际经济机会Y、金融制度Z和民间信用特征M三个变量充分发挥弹性特征。随着高价格水平的持续，旧的泡沫需要维持，新泡沫不断产生，各种欺诈行为层出不穷，人人都相信或者愿意相信，没有欺诈行为被揭露。

与稳定均衡相比，泡沫均衡时期的欺诈数量要多得多，从性质上，纯粹的欺诈泡沫也大量出现。

4.5.3 危机均衡

危机均衡指的是金融投机泡沫破灭，金融危机爆发，价格水平急剧下降状态下的欺诈行为均衡。

这种情形下的欺诈需求可以描述为：

$$D^X = D_1(P, Y) \tag{4-15}$$

其中，上标 X 指的是价格下跌趋势。危机爆发伴随着欺诈行为的集中暴露，随着价格不断下跌，纯粹的欺诈泡沫瞬间崩溃，与此相关的需求立刻消失得无影无踪，即使是有着实际经济基础的一些泡沫也无法维持下去。人们都变得小心谨慎，对任何事情都不再轻易相信。随着危机蔓延，恐慌情绪也会出现，对欺诈行为的恐惧甚至阻碍了正常的经营活动。

欺诈的供给可以描述为：

$$S^X = S_1(P, Z) + S_2(P, M) \tag{4-16}$$

信用的急剧紧缩使得金融欺诈成了无源之水、无本之木。在危机时期，甚至连正常的经济运营都不容易得到资金支持。尤其是民间信用，可能会限于停顿状态。银行信用则取决于政府的态度，因为政府为了挽救经济，很可能采取信用扩张的刺激手段，这是不以商业赢利为原则的。

均衡状态可以表述为供给 = 需求：

$$D^X = S^X \tag{4-17}$$

$$D_1(P, Y) = S_1(P, Z) + S_2(P, M) \tag{4-18}$$

此时的价格 P 处于较低的水平并且一直呈现下跌趋势，实际经济机会 Y、金融制度 Z 和民间信用特征 M 三个变量充分发挥弹性特征。

随着低价格水平的持续，旧的泡沫难以维持，新泡沫也失去了产生的基础，各种欺诈行为纷纷暴露，人人自危，新的欺诈行为完全没有产生的土壤。

与稳定均衡相比，危机均衡时期产生的欺诈数量要少得多，而且，与正常状态相比，甚至是不合常理的少，因为这时的人们过于谨慎。

三种状态的均衡，欺诈数量与欺诈行为的性质都不一样，这是静态的均衡分析。要了解金融动荡的演变过程与欺诈的内在联系，仅仅是这样还不够，还需要把三种状态的转换过程加以说明。下面就采用比较静态的方法进行讨论。

4.6 欺诈暴露、均衡突变与金融稳定

欺诈行为如果不暴露，公众不会知道，也不会造成严重后果。事实上，暴露出来的欺诈与总的欺诈数量相比，就像露出海面的冰山一角一样，仅仅是很小的一部分。这也是统计分析对这一主题并不适用的一个原因。

观察金融危机的演变和爆发，可以发现，欺诈行为的产生可以分散在不同的时间和地点，但是往往会在危机爆发的时刻集中暴露出来——尽管不是全部。

欺诈行为在危机时期的集中暴露对金融稳定的意义是什么？这是值得好好分析的。

根据前面三种均衡状态的分析，在泡沫均衡时，欺诈行为主要是两类：一类是有实际经济基础的；另一类是与价格相关的纯粹的欺诈

泡沫。当危机爆发时，欺诈行为败露，与高价格紧密相连的欺诈泡沫瞬间消失，并且这一类欺诈行为完全失去高价格基础，以后也不再产生。仅此一个变化，欺诈的需求就会少去一大半。有经济基础的那一类泡沫也难以维持下去，紧缩的程度甚至到了正常经济运营活动也失去信用支持。因此，一旦危机爆发，对欺诈的需求就会有一个突变，一种跳跃性的变化——瞬间的需求消失。

从供给方面来看，商业银行等金融机构本身可能就卷入泡沫的核心，危机时期大量的欺诈暴露也会导致金融机构的破产或陷入困境，银行信用遭到沉重打击。即使勉强维持的银行机构也会紧缩信用，不会轻易放贷，并且，在危机时期，也很难找到足够的合乎标准的放贷对象。因此，如果不受到政府政策干预的话，银行信用就肯定是急剧萎缩的，事实上，这也是大多数金融危机爆发后的实际情况。

民间信用的变化可能比银行信用的变化更为剧烈。在泡沫时期，卷入的公众有很多是毫无专业知识和技能的，他们纯粹是抱着高价格的持续和进一步上涨的美好愿望而来的。一旦梦想破灭，高价格不复存在，就完全失去了判断的标准。唯一的选择是立刻退出——如果还来得及的话。危机爆发引致实际经济的紧缩，这给那些进行实际运营的专业人士和内部人也带来了极大的困难，收缩成了所有人的座右铭。民间的金融活动与泡沫繁荣时期相比，就像是一个活蹦乱跳的人突然死亡一样，形势的剧变让所有人都措手不及。

不过，由于受制于金融制度和社会金融特征的约束，银行信用和民间信用的扩张和收缩总是有限度的，金融制度和社会金融特征是“硬约束”，因此，信用扩张和收缩的这种限度也不是无法想象的。这与需求不同，繁荣时期的预期是没有限度的，即使有，那个限度也只是存在于人们的“脑海”中，而人的想象力是无穷的，失去理性的人就更不需要什么限度了。

因此，在危机爆发时，欺诈行为集中暴露，泡沫均衡突变，急剧转换到危机均衡，而转换最剧烈的是对欺诈的需求。

均衡的突变与信用的紧缩紧紧相连，互相促进，越是有欺诈的暴露，人们越恐慌，信用越是收缩；信用越收缩，泡沫持续下去的可能性越小，欺诈行为暴露的就越多。造成一个欺诈暴露——信用紧缩的循环。

欺诈本身一般并不是造成泡沫的原因，但是泡沫繁荣一定会孕育很多的欺诈。而欺诈的暴露很可能就引发连锁效应，导致金融危机和金融动荡。

4.7 中国银行业的欺诈与金融稳定

前面建立了一个分析欺诈行为与金融稳定的分析框架，本节运用这个框架对中国的金融欺诈和金融稳定情况进行分析。内容分为两个部分：第一部分讨论中国银行业欺诈典型案例及其特征；第二部分对中国银行业欺诈案例的特征给出可能的解释。

4.7.1 中国银行业欺诈典型案例及其特征

中国银行业的欺诈行为与金融稳定之间的联系具有自己的特点。这种联系可以从近年来欺诈行为发生的时间、频率等特征体现出来。

4.7.1.1 1997～2005年的金融大案回顾

中国在1998年确立了分业经营的金融运营模式，2005年开始又掀起一轮银行企业上市的高潮。因此，笔者以 2005 年为界，分两个阶段来考察欺诈行为。

中国的银行欺诈行为涉及面很广，每家主要的银行都有，这里简单列举一个大纲。

（1）中国银行案件。

①2005 年 1 月，哈尔滨河松街支行被查出有逾 8 亿元人民币客户存款失踪。此案尚在进一步调查中。据传，本案主要嫌疑人可能已携家带款逃往海外。

②2004 年 11 月 25 日，中行储蓄所全体员工公款炒汇案：中国银行北京的一个储蓄所里从所长到储蓄员的 6 名平均年龄不到 33 岁的女职工，在 10 个月内挪用了 3000 万元公款同客户炒汇。

③2004 年 8 月，中国银行香港分行副总裁丁某生被捕，他涉嫌未获授权而将合并前成员行控股股东所拥有的部分资金分配作个人用途。副总裁朱某等人亦相继被捕。

④2004 年 7 月 21 日，浙江湖州中行存单骗贷案。富庶而安静的城市因为一桩巨额个人存单质押贷款案而搅动不安，此案的涉及金额与恶劣性质刷新了浙江省金融案件的历史记录。

⑤2004 年 2 月 21 日，中行纽约分行骗贷案。周某和刘某不断地通过提供虚假的贸易文件，导致纽约中行不断地为本不存在的贸易提供短期贷款，而周某和刘某则不断地靠借新贷款来还旧贷款。

⑥2003 年 12 月，中国银行前行长王某冰以受贿罪被北京市第二中级人民法院一审判处 12 年有期徒刑。

⑦2003 年 6 月 12 日，中银香港立案调查中行上海分行所放贷款案。6 月 10 日晚，中银香港发布公告称，刚从中国银行总行证实，总行于 2003 年 6 月 7 日收到北京有关国家机关关于刘某宝已被正式

立案调查的通知。

⑧2002 年 5 月 13 日，中华人民共和国成立以来最大银行监守自盗案。中国银行广东开平支行前行长许某凡、余某东、许某后，三任行长，9 年作案，1993 ~ 2001 年盗用资金 4.83 亿美元，余某东潜逃美国，2004 年 4 月被押送回中国。

⑨2002 年 2 月，中国银行前副董事长刘某宝，涉嫌利用职权影响违规发放贷款、谋取私利、贪污受贿等被查，刘某宝被捕后，他曾长期任职的中国银行上海分行也有数人被捕。

（2）建设银行案件。

①1999 年 12 月至 2001 年 4 月，建行长春支行 3 亿元存款神秘蒸发：诈骗团伙以长春市某雨集团为掩护，拉拢腐蚀银行工作人员，采取私刻印鉴、印章，制作假合同、假存款证明书，伪造资信材料、担保文件等手段，进行贷款、承兑汇票的诈骗，诈骗总金额为 32844 万元。

②1997 年，建设银行吉林省分行有官员涉嫌携 800 万美元外逃：建设银行吉林省分行在机构整合中自查发现原长春市分行（后省分行营业部）国际业务部原负责人王某泉涉嫌挪用资金，立即向司法机关报案，向当地金融监管部门报告，并积极协助将涉案人移送司法机关，并无人员潜逃。现已初步查明，此案主要发生在 1997 年，司法机关已经依法查封扣押了涉案企业的部分财产。

（3）建设银行和工商银行案件。

2003 年 1 月、4 月，广东某公司董事长谢某为解决资金问题，伙同资金掮客梁某、陈某，勾结建设银行广东省珠海市分行丽景支行行长黄某良、工商银行河南省分行营业部经纬支行副行长杨某霞、华信支行工作人员张某晖，私刻建行丽景支行公章等票据回购所需印鉴，虚构产品交易合同，虚开增值税专用发票，凭空填制多张商业承兑汇票，先后两次以建行丽景支行名义与工行华信支行签订商业承兑汇票回购合同，骗取该行资金共 1.3 亿元，用于投资、挥霍和行贿。经公安部门全力追缴，尚有 6000 余万元赃款未能追回。

（4）农业银行和工商银行。

2002 年 6 月、11 月，珠海某公司总经理周某及其职员易某先后勾结贵州省两位公司法人代表伍某、林某，签订虚假产品购销合同，开出商业承兑汇票，并先后贿赂农业银行贵州荔波县支行行长陆某勤、农业银行贵州省分行营业部瑞金支行行长石某芳，由陆、石二人先后越权为该商业承兑汇票贴现出具不可撤销担保函，工行经纬支行副行长李某燕及其工作人员陈某鹤、魏某璐等人收受周某贿赂，为该商业承兑汇票伪造增值税发票复印件并办理贴现。犯罪分子以上述手法骗取工行经纬支行资金共计 1.28 亿元，用于收购企业、挥霍和行贿。经公安部门的全力追缴，尚有约 600 万元未能追回。

这一时期正是中国宏观经济高速增长的时期，银行业也处于不断市场化、商业化的转轨之中。一方面银行监管的漏洞很多，另一方面经济增长需要很多资金，这种环境就容易产生银行欺诈行为。

4.7.1.2　典型欺诈案例剖析（2005～2009 年）

在前一阶段的案例，笔者仅仅例举了欺诈案例的一个简单纲要。但是要了解欺诈行为的具体特征，还需要深入细致的案例剖析。因此，在 2005～2009 年这个阶段，就采用具体案例的详细说明来探讨其特征。

（1）浦发银行骗贷案（2007 年暴露）。

位于浦东的“世茂滨江花园”是上海有名的高档楼盘之一。在这个楼盘的销售过程中，有一个叫“曲某平”的人，购买了几十套房子。尽管以不同的个人名义登记产权，但房子事实上归一家叫“优佳投资”的公司所有，曲某平是这个公司的员工。

2005年10月下旬，上海浦发银行在自查中发现，一笔购房贷款的房屋“他项权证未入库”。就是说，银行把钱贷出去了，但房子并没抵押给银行，这是绝对不合规的。房地产交易中心的信息显示，这笔贷款从未办理抵押手续。

接下来的追查引起了浦发银行的焦虑。与“曲某平”有关的住房贷款竟达91笔，包括浦发银行陆家嘴支行89笔、卢湾支行2笔，贷款时间在2004~2005年，金额估计在4亿元左右。这些贷款被用来购买上海中心城区黄浦、卢湾、浦东等地的高档物业。问题出在两个方面：一是涉嫌大量利用他人的身份证“偷梁换柱”申请贷款；二是有32笔陆家嘴支行发放的贷款存在“抵押不实”，涉及金额1.26亿元。贷款的代理人全是曲某平，提供按揭中介服务的均为上海优佳投资管理有限公司。

发现问题后，浦发银行迅速采取措施覆盖风险。从已暴露的情况看，至少存在三大骗贷嫌疑：

一是虚高评估抵押物（房产）价值，套取银行资金。一套位于世茂滨江花园的复式高档房（面积938.34平方米），优佳投资买入价是2400万元，即便按后来房价涨到每平方米4万元估算，真实交易额也就4000万元，而上海光华房地产评估有限公司给这套房产的估值竟达1亿元。

二是利用他人身份证，偷梁换柱搞假按揭。除了抵押不实，在浦发银行的问题贷款中，还大量涉及利用他人身份证办虚假按揭。

银行对此是什么解释呢？浦发银行认为，违规操作主要表现在：

违规将贷前审查外包给外部机构，贷前审查流于形式；违规凭借抵押登记他项权证收件收据进行放款，贷款审查审批不严。

这种解释显然难以令人信服。银行的“三查”（贷前调查、贷时审查、贷后检查）必须严格执行。贷前调查是银行放贷的基础，也是防范风险的关键。

从银行的角度看，内控机制的缺陷在于对房贷这种变化较多、风险蕴藏复杂的金融业务，缺乏有效的制衡机制，房贷发放没有对抵押价格评估、审验，没有对有效证件、文件的真实性做系统评估，而且，在贷款发放环节缺乏有效的层次性责任管理，给“内鬼”出现创造了制度环境。

（2）山西20亿元金融诈骗案（2005年暴露）。

1999年6月至2004年1月，胡某贤先后成立了多家公司，这些公司只有一套财务人员，在太原各银行开设账户28个。胡在社会上招募了一批“金融掮客”为期服务，以给中间拉款人及存款单位高额“好处费”为诱饵，将存款单位的钱存入其指定的银行；随后，胡对银行工作人员进行拉拢腐蚀，大肆贿赂；与银行工作人员相互勾结，采取私刻存款单位公章、印鉴，更换客户预留印鉴卡，以及用伪造的转账支票等手段，将存款单位的存款资金转入胡某贤控制的公司的账户。

为了使诈骗手段更隐蔽，骗取更多的资金。胡将已骗得的赃款通过多家银行多个账户，多次分解整合；有的还归还给存款企业和银行，有的被其直接挥霍，有的通过非法贴现手段将这些资金据为己有。

据查实，胡某贤诈骗案涉及9家银行的65个网点，69家企业，仅诈骗交通银行的资金就达2.75亿元人民币。此案案发后，公安机关迅速将涉案多个金融掮客抓获，并将交通银行、农业银行等多家银行参与犯罪的工作人员抓捕归案。然而，主要犯罪嫌疑人胡某贤仍然在逃。

其他如朱某杰等人的诈骗团伙的作案手段，与胡某贤案基本相同。他们都是以高额咨询费、服务费等为诱饵，不断诱使山西证券等数家企事业单位将巨额资金存入其指定的银行后，再以金钱腐蚀拉拢银行工作人员，获取或更换存款人的预留印鉴，采用假印鉴制作转账支票非法将资金转给用资人，并由银行工作人员提供虚假对账单欺骗存款单位。他们采用多次转账和拆东墙、补西墙的手段，利用不同存款单位的资金甚至同一存款单位的多笔资金弥补资金链，增加其犯罪的隐蔽性。形成拉储——窃取印鉴——转款——办理承兑汇票——贴现的诈骗模式。

在此类欺诈行为中，诈骗分子、存款人、银行早就建立起的三角合作关系。在这种三角合作中，诈骗分子一开始是以企业家、能人的面目出现的。例如，主犯之一的胡某贤，一直以来就是太原地区各大银行的3A、4A级客户，同时也是山西证券等单位的座上宾，在一些企业家眼里，胡某贤更是财神爷。他为自己融资，也为别人融资，沿着拉储——窃取印鉴——转款——办理承兑汇票——贴现——还款——再拉款的模式，来往于各个银行、各企事业单位和民营企业主之间，成千上万的资金，胡某贤甚至打一个电话就能调来。案发前，胡某贤等几名主犯都是呼风唤雨神通广大的人物。据调查，胡某贤等人拉拢的银行工作人员，大多是分理处主任和会计，均是基层银行的关键岗位的责任人，他们接受的贿赂从现金、银行卡到小轿车、高档手表等五花八门，但每人合计得到的达到了数十万元。同时，存款单位为了获取高额的资金效益，以“财务咨询协议”的名义，将款存入犯罪分子指定账户，默许金融掮客伪造本单位的印鉴，将资金转出。存款单位通过这种非正常手段将资金提供给用资人，用资人到了约定的期限，就将资金转回存款人账户；存款人还得到了“咨询费”，实际上是好处费。在这种三角合作下，诈骗犯、涉案银行经办人员、存款人各得其利，只不过，他们似乎忘记了一个基本道理，资金仅仅在账面上来来往往是不可能增值的。一旦有资金没能按时还付，诈骗分子就不得不继续用高利拉储，用好处费打点关节来拆东墙、补西墙，结果是窟窿越来越大，诈骗分子和银行内部被腐蚀者越陷越深。这个地下金融市场自身的特点，注定其有一天必然要肥皂泡破灭。

此案充分暴露了当前银行存在的体制机制和管理上的漏洞。一是开户管理不严，银行系统之间信息不联通，给出多头开户提供了可乘之机。主犯之一胡某贤，为便于实施诈骗，先后成立了5家公司，5家公司在太原市各银行开设账户多达28个。这不仅为非法转款提供便利，同时也增加了犯罪的隐蔽性。二是对客户预留印鉴缺乏严密健全的保管制度，牵制制约不到位，给银行工作人员泄露、随意动用、更换预留印鉴提供可乘之机。目前银行系统对存款客户的印鉴识别系统陈旧，手段落后，加之一些工作人员警惕性不高，导致对假印鉴难以有效识别。三是对银行内部重要岗位人员，缺乏有效的教育管理和监督制约。

（3）森豪7.5亿元骗贷案。

2006年9月4日出版的《财经》杂志以封面文章的形式，详细披露了这起骗贷案的前因后果，揭示了当前房地产金融黑幕的一角。开发森豪项目的地产商邹某，一度是在北京房地产界和银行界呼风唤雨的人物；旗下在北京、上海持有26个黄金地段的房地产项目权益。

邹此次被控以“诈骗罪”，检察机关指控，他在开发森豪项目之时，以257份虚假的个人资料，从中国银行非法获取个人住房贷款7.5亿元巨款。然而，这只是邹某漫长的贷款链条上的一环。中行之外，邹某的华运达公司还欠原北京城市合作银行贷款本金8.9亿元，欠建设银行贷款本金1.5亿元，另涉至少两笔金额总计580万美元以上的湖北中行信用证贷款。上述贷款本息合计，总额至少在20亿元以上。

此类个案的真实背景是银行与企业的共谋。以森豪案为例，1993～1999年，森豪虽几度易手；但前后接盘的马某、霍某音和余某三无一例外均是主管银行贷款生杀大权的内部人士。

而邹某的发迹，正是得益于两个银行界内部人：一个是原北京城市合作银行展览路支行行长余某三，另一个则是原北京城市合作银行（现北京银行）中关村支行行长霍某音。森豪项目几乎从一开始就是在霍某音掌控之下；其前期资金的投入大半来自霍某音的调度，霍甚至一度直接操盘。但随着1994年前后银行内部管理日益加强，为规避风险，霍不得不退居幕后。在霍某音、余某三相继被捕入狱后，邹某开始独立操盘。他一手制造了“烂尾楼—虚高房价—假按揭”模式，并循环运作。2000年11月，邹某以森豪公寓中2.5万平方米可销售面积的全部所有权为抵押，从建设银行北京分行获取了一笔1.5亿元的贷款。一个月后，森豪公寓以高得令人咋舌的价格开盘。很快，森豪公寓“销售一空”。257份申请个人按揭贷款的资料递交到中行北京分行零售业务处，五天之内即获总值达6.4亿元的个人贷款。为这笔按揭大开绿灯的，正是中行北京分行零售业务副处长徐某联。不到两年，2002年10月，徐某联被撤销副处长之职，并被中行北京市分行开除。

（4）银行业自查案件。

最后再提供一份银行业自查案件的简短新闻稿做参考：

2009 年，中国银行业案件防控工作呈现自查发现率和成功堵截率明显提高、主动发现和暴露案件能力明显增强的良好态势。其中，4 月自查发现案件占已发案件的 90%，自查金额占涉案金额的 94.6%，均为历史新高。

中国银监会发布《商业银行信息科技风险管理指引》(以下简称《管理指引》)，以进一步加强商业银行信息科技风险管理。

银监会将对银行业执行《管理指引》情况进行跟踪，研究完善信息科技风险监管制度体系；逐步开展以防范化解银行业信息科技风险为目标的现场检查；加强对银行业信息科技风险的非现场监管，研究建立信息科技风险评级体系，实现分类监管和差别监管。

细细探究上述中国银行业欺诈行为案例，可以发现，中国的银行欺诈与其他国家金融危机时期暴露的金融欺诈行为相比，既有共性，也有自己的独特性。

共性体现在：

(1) 有实际经济基础的欺诈需求催生的欺诈行为，也有纯粹的欺诈泡沫。

(2) 有民间信用产生的欺诈行为，也有银行信用扩张的欺诈行为。

(3) 有银行监管漏洞形成的欺诈行为。

(4) 也有与银行内部人勾结实施的欺诈行为。

独特性最能体现一个国家或社会的根本性质。根据上述案例，可以发现以下几个非常有意义的特征：

(1) 欺诈行为发生和暴露的时间很平均，并没有哪个时期有集中暴露的现象。

(2) 欺诈行为与银行监管漏洞的关系十分密切。

（3）这些欺诈行为似乎与银行业危机或金融危机并没有明显的相互联系。

4.7.2 为什么中国的金融欺诈没有导致危机

为什么中国的金融欺诈发生得如此频繁，而且没有引发金融恐慌或金融危机？这是把欺诈的供求均衡分析运用于我国银行业研究得出的最大的困惑。

从各个方面全面地做出解释，其实就是没有解释，因为包含所有要素的解释是没有实用价值的。笔者力图用最简单、最重要的因素来解释中国金融欺诈和金融危机的不相关性。

首先，金融欺诈频发源于需求和供给两个方面，中国宏观经济的高速、长期增长创造了巨大的欺诈需求，而银行业和金融体系正处于不断的变动和改革中，监管薄弱为欺诈行为提供了坚实的供给基础。因此，欺诈的供需均衡数量比其他国家要大得多。这个分析并不出奇。

难解释的是第二个问题，也是核心问题：即如此频发的欺诈行为，为什么没有引致金融恐慌或危机？笔者给出的答案是：中国的主要大银行是国家控制的，事实上，名义上的商业银行具有央行的信用。别的国家央行充当最后贷款人，而中国，商业银行部分具有最后贷款人的功能。由于商业银行具有央行的信用，这种信用的崩溃不是简单的一些欺诈行为能够引发的。而且，由于欺诈行为经常出现，每年都会发生，也形成了对欺诈行为的“审美疲劳”，人们对欺诈行为的暴露并不会有恐慌心理，也就难以形成“集中暴露”的欺诈群集现象。

4.8　金融科技与欺诈

金融科技显然是一个重大创新，这个创新会对金融体系和宏观经济造成冲击，这个冲击会有多大的实际效果，体现在会给经济体系带来多重大的“盈利机会”。这种机会将吸引新的投资者进入，如果这个机会足够大，先行进入的投资者会获得丰厚的利润，在示范效应下，会吸引足够多的公众进入新的领域，引发“泡沫”，泡沫出现就会有欺诈行为伴随，实际上，在区块链领域已经有很明显的欺诈行为出现了。

2018 年前后，数字货币市场进入牛市，各种数字货币动辄暴涨五倍、十倍，甚至百倍。随之而来的是更多新上线的数字货币。强烈的造富效应让一大批区块链相关的技术企业如雨后春笋般涌现，此前对数字货币市场持谨慎态度的传统媒体也纷纷加入报道行列，甚至直接新开设区块链频道，更有上千家所谓的区块链自媒体成立。

在整个近乎疯狂的炒作投机过程中，因强烈的赚钱效应和投资者对技术的一知半解，让披着“区块链”外衣的诈骗项目有了可乘之机。

2018 年的部分欺诈行为如下：

1 月 23 日，影视链（MDC）官网团队成员资料造假，随后影视链承认错误，遭交易所下架。

2 月 1 日，艺术链（Arts）涉嫌虚假宣传，陷入退币风波，后项目方进行 1∶1 回购。

2 月 2 日，矿世币（BMB）涉嫌白皮书团队成员资料造假。

3 月 5 日，投资者爆料太空链（SPC）涉嫌虚假宣传，项目方多次修改白皮书。

3 月 14 日，超级明星（MXCC）价格归零，团队疑似跑路，项目涉嫌虚假宣传。

3 月底，深圳南山经侦大队侦破一起特大集资诈骗案，数千名投资者被骗资金 3.07 亿元。在这起案件中涉案的深圳普银区块链集团有限公司正是以“区块链 + 藏茶”的模式发行虚拟货币，套取公众存款。先后有数千人购买该公司发行的虚拟货币“普洱币”（后更名为普银币）。受这家公司的幕后操作，普银币在虚拟货币交易平台“聚币网”上的价格一度从 0.5 元被拉升至 10 元。

4 月，西安剿灭了全国首例打着“区块链”概念的传销。骗子们套用区块链概念，短短 18 天，网络发展会员 13000 余人，涉案金额 8600 余万元。他们以每枚 3 元的价格在“消费时代”网络平台销售虚拟货币，并自行操控虚拟货币的价格涨幅。同时用 3 万元雇佣外国人站台，将自己打造成具有外资背景的“高科技跨国企业”以扩大影响，推介会遍布全国，甚至都开到了南半球。

6 月 8 日，在宣传材料中号称“第四代数字货币”的光锥 LCC 濒临崩盘。从 6 月 6 日起，广州市天河区警方以涉嫌诈骗罪刑事拘留三名涉及光锥 LCC 的人员。LCC 及其衍生的多种“数字货币”投资者为 5 万 ~8 万人，涉及的资金总额可能高达人民币 49 亿元。

据经济参考报报道，利用区块链概念搞的传销平台已超过 3000 家。

类似这样的区块链诈骗项目多之又多，倒闭和跑路的项目数不胜数。

根据前面的研究，金融科技引发的欺诈行为是必定会出现的，并且会伴随金融科技的发展全过程，金融科技发展一旦演化成泡沫，欺诈行为也会像泡沫一样发展壮大。当泡沫破灭时，也伴随着欺诈行为的集中曝光。

关于欺诈与金融的若干基本结论是：

（1）金融欺诈现象在任何金融环境下都是存在的。彻底消除金融欺诈的成本过高，是无效率的。

（2）对金融欺诈的需求可以分为两个部分：一部分主要取决于资产价格和实际经济两个因素，另一部分主要取决于资产价格因素。需求函数可以写为 $D = D_1(P, Y) + D_2(P)$。

（3）对金融欺诈的供给也可以分为两个部分：一部分是银行信用，取决于相关价格水平和金融制度等正式的约束；另一部分是民间信用，主要取决于价格水平和民间融资的社会惯例等非正式约束。供给函数可以写为 $S = S_1(P, Z) + S_2(P, M)$。

（4）金融欺诈有三种均衡状态，分别对应着三种金融形态：一是金融稳定状态，称为稳定均衡，这一状态具有一个与一国金融制度和经济状况相适应的金融欺诈水平，价格水平比较平稳；二是金融过度繁荣状态，称为泡沫均衡，金融欺诈数量大量上升，相关价格水平维持在过高的水平；三是金融危机状态，称为危机均衡，高价格崩溃，金融欺诈数量急剧减少，低于均衡状态水平。

（5）金融危机的爆发伴随着金融欺诈的暴露，金融欺诈的暴露使得金融欺诈的需求瞬间消失，供给迅速收缩。欺诈的均衡状态产生跳跃性的突变。使得欺诈的暴露成为金融危机爆发的标志性特征。

（6）中国的金融欺诈也适用于本书建立的供求均衡模型。中国的金融欺诈事件在近十几年间频繁地出现，意味着金融制度和社会特征决定的欺诈稳定均衡水平较高；即使在全球金融危机时期，也没有出现诈骗行为集中暴露的情况，说明近期中国并没有经历真正的金融危机，2007 年爆发的全球金融危机也没有对中国银行业造成实质性的伤害。

（7）金融科技的应用已经引发了与之相关的欺诈行为，这些欺诈行为与金融科技的真实应用一起，可能产生“金融科技泡沫”，这个泡沫有多大、持续时间有多长，还无法得知。但是，金融科技的研究者、监管者应该把欺诈行为纳入研究框架中去，而不是仅仅当作道德问题处理。

金融科技（Fintech）的
经济学分析

Chapter 5

第5章　结论与展望

金融科技的三大核心技术是大数据、区块链与人工智能。这些技术的应用带来了深刻的商业模式变化，包括互联网支付、互联网保险、互联网银行、互联网证券、互联网众筹、数字化投顾等。

商业模式变化的一个显著特征是，它把很多原本在金融体系之外的人拉进了金融市场。让更多原本无法享受金融服务的人得到了金融服务，我们可以把金融科技的这个功能称为普惠金融。没有这些金融科技作为基础，即便如何努力，原先的金融体系不可能把金融服务做到这个程度的“普惠”。

与此紧密相连但又有所区别的是，金融科技引发的金融服务变化具有“分权”的效果。这种“金融分权”集中体现在以区块链技术为基础的比特币现象上。现有金融资源配置的权力是以央行对货币的控制为基础的，金融资源配置的权力几乎完全掌握在央行和以商业银行为代表的金融机构手中，其他机构和个人对金融资源的配置几乎没有影响力。以比特币为代表的加密货币的出现，为现有金融体系提供了一个替代系统，新系统是旧系统的替代，而非补充，这个新系统从货币发行、货币量控制到货币利率等各个环节都对旧系统带来了颠覆性改变。

金融科技的重要性不仅仅是“技术问题”，从功能视角看，普惠金融和分权金融是金融科技带来的最重要的改变。笔者认为，以“普惠”和“分权”两个核心概念为基础，搭建金融科技的理论分析框架，才能更好地理解金融科技给当前金融体系带来的诸多改变。

基于“普惠”和“分权”，我们可以从货币本位制、货币职能、银行业的产生与演变等多个金融问题入手，分析金融科技对金融体系和金融功能的经济学效应。从目前的金融科技应用来看，货币本位制不太可能会变成“区块链货币”，尽管市场上已经出现并且不断在出现更多的区块链货币，但是这些货币的应用范围仍然十分狭窄，更多的是“资产”功能，货币功能比较薄弱。从银行业产生和发展的历史过程来看，金融科技的应用只能看作是金融业随着技术变化而演进的又一个新阶段，金融的本质并没有变化，变化的是金融服务的广度和深度。

金融业是世界各国管制最严格的产业，一个重要的原因是金融稳定是经济体系中的重中之重。金融科技的应用是否会改变金融的稳定性？金融科技的应用与金融危机有无内在联系？这些问题也是很值得研究的。本书采取了一个非常特别的切入点，即金融欺诈问题。大多数经济学文献不把欺诈作为一个正式的“经济学问题”来对待，而是作为一个道德或法律问题来看待，笔者认为，金融欺诈完全可以作为一个“经济问题”来分析，金融欺诈有三种均衡状态，分别对应着三种金融形态：一是金融稳定状态，称为稳定均衡，这一状态具有一个与一国金融制度和经济状况相适应的金融欺诈水平，价格水平比较平稳；二是金融过度繁荣状态，称为泡沫均衡，金融欺诈数量大量上升，相关价格水平维持在过高的水平；三是金融危机状态，称为危机均衡，高价格崩溃，金融欺诈数量急剧减少，低于均衡状态水平。

尽管本书不能算是精细的研究，但是，用“普惠”和“分权”两个基本概念来总括金融科技的应用应该是比较有成效的。包括金融科科技欺诈在内的金融欺诈分析也是独具特色的研究亮点。未来进一步的研究可以将“普惠”和“分权”进行模型化，条件许可时也能做一些定量分析。

随着金融科技的进一步发展，尤其是区块链技术和人工智能的应用，“普惠”和“分权”这两个工具的力量应该会得到更加充分的展现。

参考文献

[1] 约翰·希克斯．经济史理论［M］．商务印书馆，2010.

[2] 熊彼德·经济分析史［M］．商务印书馆，1991.

[3] 金德尔伯格．西欧金融史［M］．中国金融出版社，2010.

[4] 金德尔伯格，阿利伯．疯狂、惊恐和崩溃［M］．中国金融出版社，2017.

[5] 加尔布雷斯．1929 年大崩盘［M］．上海财经大学出版社，2006.

[6] 马丁·弗里德森．投机与骗局［M］．机械工业出版社，2008.

[7] 刘志坚主编．2017 金融科技报告［M］．法律出版社，2017.

[8] 陈静主编．中国金融科技发展概览（2016）［M］．电子工业出版社，2017.

[9] 谢平，邹传伟主编．Fintech：解码金融与科技的融合［M］．中国金融出版社，2017.

[10] 奥尔森．权力与繁荣［M］．上海人民出版社，2016.

[11] 约翰·梅纳德·凯恩斯著，徐毓枬译．就业、利息和货币通论［M］．译林出版社，2011.

[12] 奇斯蒂，巴伯斯．全球金融科技权威指南［M］．中国人民大学出版社，2017.